대중의 반역

오르테가 이 가세트 지음
황보영조 옮김

역사비평사

옮긴이 황보영조

서울대학교 서양사학과에서 학사와 석사학위를 취득하고 박사과정을 수료했다. 스페인의 마드리드 콤플루텐세 대학교에서 「스페인 제2공화국 토지개혁을 둘러싼 각 정당과 사회단체」라는 논문으로 역사학 박사학위를 받았다. 연구논문으로 「스페인 왕정복고기 통치 엘리트의 민주화 시도와 한계」, 「스페인 내전 연구의 흐름과 전망」, 「스페인 내전의 전쟁이념 분석」, 「프랑코 체제와 여성」, 「프랑코 체제와 대중」 등이 있다. 역서로는 『히스패닉 세계』(공역)가 있고, 저서로는 『대중독재 : 강제와 동의 사이에서』(공역)가 있다. 현재 경북대학교 인문대 사학과 교수로 재직 중이다.

대중의 반역

1판 1쇄 발행 2005년 5월 20일
1판 9쇄 발행 2024년 12월 30일

지은이 오르테가 이 가세트
옮긴이 황보영조
펴낸이 정순구
기획 조원식
편집 정윤경 김정한
디자인 이석운
마케팅 황주영

출력 ING
용지 한서지업사
인쇄 한영문화사
제본 한영제책사

펴낸곳 (주) 역사비평사
등록 제300-2007-139호 (2007. 9. 20)
주소 10497 경기도 고양시 덕양구 화중로 100 비젼타워21, 506호
전화 02-741-6123~5
팩스 02-741-6126
홈페이지 www.yukbi.com
이메일 yukbi88@naver.com

오르테가 이 가세트
(스페인, 1883~1955)

대중의 반역

일러두기

1 이 책의 번역 대본으로는 오르테가 이 가세트 연구의 표준본으로 인정받는 『전집 *Obras Completas*』 제4권 (Madrid: Alianza, 1983) 을 사용했다.
2 스페인어 병기가 필요한 경우, 위의 대본에 따라 표기했다.
3 논문의 경우에는 원어를 넣지 않고, 우리말 번역만 했다.

책을 옮기고 나서

우리의 가슴을 뜨겁게 하는 책이 세상에 얼마나 될까? 재미있는 책은 많아도, 우리의 삶에 용기와 희망을 불어넣어주고 진지한 통찰력을 제공해주는 책은 드물어 보인다. 오르테가 이 가세트(José Ortega y Gasset, 1883~1955)의 『대중의 반역』이 바로 그런 드문 책 가운데 하나다. 미국의 저명한 잡지 『월간 대서양 *Atlantic Monthly*』은 "루소의 『사회계약론』이 18세기를 대변하고, 칼 마르크스의 『자본론』이 19세기를 대변한다면, 오르테가 이 가세트의 『대중의 반역』이 20세기를 대변할 것"이라고 평가했다. 그 정도로 이 책은 20세기 현대 대중사회의 본질을 문명사적으로 분석한 세기적인 저작이다. 그럼에도 불구하고 우리에게 제대로 소개가 되지 않아 몹시 아쉽던 차에, 이제라도 온전히 선뵈는 것 같아 깊은 곳에서 설레는 마음이 솟구친다.

오르테가 이 가세트는 1883년 스페인 마드리드에서 저명한 소설가이자 언론가요 한때 자유주의 계열의 한 일간지의 편집장을 역임한 부친과, 그 일간지의 설립자이자 소유자의 딸인 모친 사이에서 태어났다. 그리고 마음껏 독서하고 배우며 소년시절을 보냈다. 그는 이를 두고 자신이 "윤전기 위에서 태어났다." 라고 말했다. 그는 14세에 빌바오에 있는 데우스토 대학교에 입학해 법률과 철학과 문학을 배우고, 그 이듬해 마드리드 대학교로 옮긴 뒤 19세에 철학부를 졸업했다. 21세가 되던 1904년에 『천년의 공포』라는 논문으로 박사학위를 받았다.

그는 이어서 라이프치히와 뉘른베르크, 뮌헨, 베를린, 마르부르크 등을 돌아다니며 배웠다. 특히 마르부르크 대학교에서는 신칸트학파의 두 거장, 헤르만 코헨 (Herman Cohen)과 파울 나토르프 (Paul Natorp) 에게 사사했다. 1908년에 귀국해 마드리드 고등사범학교 교수로 부임했고, 27세가 되던 1910년에는 모교인 마드리드 대학교의 철학부 정교수가 되었다. 당시 그는 대학교수로서 스페인 청년들에게 막대한 영향을 미치기 시작했고, 스페인 문화의 자유화와 근대화를 기치로 내건 1914 세대를 이끌기도 했다. 그리고 마치 사랑과 노동은 성숙한 인간의 두 표지라는 프로이트의 말을 실현시키기라도 하듯, 1910년 결혼과 더불어 방대한 저술활동을 시작했다. 이 뒤부터 1936년 스페인 내전이 발발하기까지 25년 동안 펼쳐진 그의 저작활동은 그를 스페인의 대표적인 문필가로 만들어주었다. 1923년에는 『서구지 (西歐誌) Revista de Occidente』를 창간해, 유럽의 문학과 철학 사조를 스페인에 소개했다. 1931년에는 공화국봉사회를 창설해 제2공화국을 지원했으며, 제헌의회 의원을 지내기도 했다. 그러나 공허한 말싸움만 되풀이하는 정치에 환멸을 느낀 뒤, 정치 일선에서 물러나 저술과 강연활동에 몰두했다.

스페인 내전과 더불어 포르투갈, 프랑스, 아르헨티나 등으로 망명길에 오른 뒤 1945년에야 귀국했다. 1948년에 인문학연구소 (Instituto de Humanidades)를 설립해 스페인 인문학 발전에 이바지하다가, 1955년에 영면했다.

오르테가 이 가세트의 대표적인 저서로는 『대중의 반역』이 외에도 『돈키호테에 관한 명상 Meditaciones del Quijote』(1914), 『척추 없는 스페인 España invertebrada』(1921), 『예술의 비인간화 La deshumanización del arte』(1925), 『체계로서의 역사 Historia como sistema』(1941) 등이 있다.

『대중의 반역』은 1929년부터 일간지 『태양 El Sol』에 기고했던 글을 모아, 그 이듬해인 1930년에 단행본으로 엮어 간행한 책이다. 이 책은 오르테가 이 가세트를 프로이드와 니체, 앙리 베르그송, 미겔 데 우나무노, 베네데토 크로체, 폴

발레리, 장 폴 사르트르, 알베르 까뮈, 토마스 만, 하이데거, 버트란드 러셀 등 세계적인 서구 문명 해석자들의 반열에 오르게 했다.

이 책은 어디를 가나 군중들로 가득 차 있다는 얘기로 시작한다. 대중의 출현이다. 여기서 대중은 특별한 자질이 없는 사람들의 집합체이다. 따라서 그들을 '노동대중'으로만 이해해서는 안 된다. 대중은 '평균인'이다. 그런데 이런 대중은 이전부터 있었다. 다만 20세기가 직면한 새로운 사실은 이런 대중이 역사무대에 출현했다는 것이 아니라, 그들이 스스로 지배하려든다는 것이다. 이른바 대중의 반역이다. 이것이 이 책의 근본 화두이다. 그의 이러한 분석은 「신구 정치 Vieja y nueva política」(1914)와 『척추 없는 스페인』에서도 더러 그 선례가 나타나고 있고, 『갈릴레오에 관하여 En torno a Galileo』(1933)와 『체계로서의 역사 Historia como sistema』(1941), 『보편사의 해석 Una interpretación de la historia universal』(1949년 강연, 1960년 출간), 『인간과 사람들 El hombre y la gente』(1950)에서 더욱 발전된다. 그는 이러한 대중의 지배가 유럽사와 세계사에 초래할 결과들을 내다보며, 문명사적인 분석을 통해 본질적이고 근본적인 대처방안이 무엇인지를 피를 토해내듯 역설하고 있다.

그에 따르면 역사의 주체는 개별 영웅들이나 대중이 아니라, 세대와 세대를 거쳐 살아가는 당시대의 소수와 대중이 엮어내는 역동적인 조합이라고 본다. 따라서 선택된 소수와 대중이 각각 자신의 정체성을 깨달아 제 위치에서 제 역할을 담당하는 길, 곧 참된 도덕을 회복하는 길이 문제 해결의 진정한 길임을 외치고 있다.

그의 냉철한 분석과 피 끓는 외침은 세기가 바뀐 지금에도 여전히 유효한 것으로 보인다. 『대중의 반역』은 그 내용 하나하나마다 모두 무궁무진한 의미를 캐낼 수 있는 일종의 광맥과 같다. 한반도를 달군 2002년 월드컵과 2004년 탄핵반대 물결을 타고 그 모습을 더욱 명백히 드러낸 대중의 실체가 과연 무엇이며, 좁게는 가족에서부터 넓게는 국가에 이르기까지 권위주의가 무너지면서 수반되는 권위 해체 현상의 본질이 무엇인지, 2004년과 2005년에 걸쳐 한·중·일 세 나라를 들볶고 있는 국가주의와 영토문제의 진정한 해결책이 무엇인지, 나아가 유럽연합과 같은 형태의 동북아공동체를 건설하려는 몸짓들을 어떻게 보아야 하는지, 그리고 기초학문 특히 인문학 위기의 진정한 원인이 무엇이며 그 해결책이 무엇인지에 대한 값진 보석들을 담고 있다. 이 보석들을 더욱 정교하게 가공해, 지금 우리 사회가 지닌 위기를 근본적인 성찰과 도약의 기회로 만들어가는 데 적극 활용했으면 하는 것이 역자의 바람이다.

끝으로 이 책의 번역 대본으로는 오르테가 이 가세트 연구의 표준본으로 인정받는 『전집 *Obras Completas*』제4권 (Madrid : Alianza, 1983)을 사용했음을 밝혀둔다. 『대중의 반역』은 오르테가 이 가세트의 저작 가운데서 가장 많이 읽히고 가장 많이 번역된 책이지만, 동시에 가장 잘못 이해되고 있는 책이기도 하다. 그만큼 내용이 난해하고 표현이 까다로워, 번역이 힘든 작업이었다. 더불어 역사비평사에 한없는 감사를 드린다.

2005년 5월

황보영조

1부
대중의 반역

1장 대중의 출현[1]

  좋은 의미든 나쁜 의미든 오늘날 유럽의 사회생활에 나타
난 가장 중요한 사실 하나는 대중이 완전한 사회세력으로 등
장했다는 것이다. 대중은 개념상 사회를 통치할 수 없음은 물
론, 자신의 실존도 조율할 수 없고 또 그렇게 해서도 안 된다
는 점을 감안할 때, 이는 유럽이 이제 어느 민족이나 어느 국
가, 어느 문화도 겪어보지 못한 가장 심각한 위기에 처하게
되었음을 의미한다. 이런 위기는 역사상 이미 여러 차례 발생
했기 때문에, 그 특징과 결과뿐만 아니라 이름도 알려져 있

  [1] 나는 1922년에 출간한 『척추 없는 스페인 *España invertebrada*』과
  1926년 『태양 *El Sol*』지에 발표한 「대중」이란 논문, 그리고 1928
  년 부에노스 아이레스의 예술동우회에서 행한 두 차례 강연에서
  이미 이 주제를 다룬 적이 있다. 이 책에서는 이미 언급한 내용을
  다듬고 완성해, 우리 시대의 가장 중요한 사실에 관한 체계적인 학
  설을 만들어보고자 한다.

다. 이른바 대중의 반역이다.

이 가공할 현상을 이해하기 위해서는 '대중'과 '반역', '사회세력' 등의 용어에 일차적이든 배타적이든 정치적 의미를 부여하지 말아야 한다. 사회생활이란 정치적일 뿐만 아니라 동시에 지적이고 도덕적이며 경제적이고 종교적인 것이기 때문이다. 사회생활에는 복식(服飾)과 유희는 물론 일체의 집단적 관습이 포함되어 있다.

이런 역사 현상에 접근하는 최상의 방식은 아마도 가시적인 경험에 주목하여, 우리의 눈에 평범하게 비춰지는 우리 시대의 한 단면을 부각시키는 데 있을 것이다.

이 단면은 분석하기는 어렵지만, 묘사하기는 매우 쉽다. 나는 이것을 군중의 '충만'이라고 부르고자 한다. 도시는 사람들로 붐비고, 주택은 세입자들로 만원이며, 호텔은 투숙객으로 꽉 찬다. 기차는 승객들로 가득 차고, 찻집은 손님들로 만원이며, 거리는 보행자들로 붐빈다. 유명한 의사의 진료실은 환자들로 가득하고, 최근의 흥행물에는 관객이 만원이며, 해변은 수영객들로 북적댄다. 전에는 별 문제가 아니었던 것이 이제는 일상의 문제가 되기 시작한다. 바로 자리 문제이다.

이것이 전부다. 오늘날의 생활에서 이보다 더 단순하고, 이보다 더 잘 알려져 있으며, 이보다 더 항구적인 사실이 있을까? 이제 우리가 관찰한 평범한 사실의 표층을 찔러보자.

이곳에서 뜻밖의 분수가 솟아올라 현실의 밝은 빛을 형형색색 분광하는 것을 보면 경탄하게 될 것이다.

우리가 보는 것이 무엇이기에 우리를 그토록 놀라게 만들까? 그것은 군중(muchedumbre)이다. 문명이 만들어낸 장소와 시설을 차지한 군중이다. 그런데 잠시 생각해보면, 우리는 우리가 놀랐다는 사실에 다시 놀라게 된다. 이것은 바람직한 현상이 아닌가? 극장의 좌석이란 앉으라고 마련되어 있고, 객석은 가득 차도록 만들어진 것이다. 기차의 좌석과 호텔의 객실도 마찬가지다. 그렇다. 지극히 당연하다. 그런데 문제는 이들 건물과 차량이 전에는 가득 차지 않았는데, 이제는 사람들로 넘쳐나, 이용하고 싶어도 기다려야 한다는 것이다. 이는 논리적이고 당연하다. 하지만 이전에는 안 그랬는데 지금은 그렇다는 사실을 그냥 지나칠 수는 없다. 변화와 혁신이 일어난 것이다. 그러니까 우리가 처음에 놀란 게 그리 이상한 일은 아닌 셈이다.

감탄과 경이는 이해를 위한 첫걸음이다. 이는 지식인 특유의 놀이이자 사치이다. 놀라 휘둥그레진 눈으로 세상을 바라보는 것이 지식인의 특징이다. 휘둥그레진 눈동자에는 세상의 모든 것이 낯설고 경이로워 보인다. 이런 경이로움은 축구 선수에게는 금지된 즐거움이고, 지식인에게는 무한한 환상의 황홀경에 빠져들게 만드는 즐거움이다. 경이에 찬 눈이 지식인의 상징이다. 그래서 고대인들은 지혜의 여신 미네르바에게 항상 반짝이는 눈을 가진 부엉이라는 새의 이름을 부여했던 것이다.

전과 다르게 지금은 어째서 군중의 충만 현상이 자주 일어나는 것일까?

군중을 이루고 있는 개인들이 무에서 솟아난 것은 아니다. 15년 전에도 거의 동일한 수의 사람들이 존재했을 것이다. 전쟁 직후였으니 더 적었을지도 모른다. 하지만 우리는 여기서 첫 번째 중요한 점을 발견하게 된다. 그것은 군중을 구성하는 개인들이 과거에도 존재하긴 했지만, 그때는 군중으로 존재하지 않았다는 사실이다. 다만 그들은 소집단이나 개인별로 도처에 흩어져 따로 동떨어진 생활을 영위했다. 개인이든 소집단이든 마을과 읍, 소도시와 대도시의 한 구역에서 저마다 따로 자신의 장소를 점유하고 있었다.

그런데 이제 이들이 갑자기 군중의 형태로 출현하여 우리는 어디서든 군중과 마주친다. 정확히 말하자면 아무데서나 마주치는 것이 아니라, 예전에는 소집단이나 소수를 위해 마련되었던 비교적 세련된 인류 문화의 산물인 특별한 장소에서 마주친다.

군중은 갑자기 출현해 사회의 주요 장소를 차지했다. 예전에는 존재했다고 해도 사회 무대의 뒤쪽에 있어서 간과되었지만, 이제는 전면에서 조명을 받는 주역이 되었다. 주연들은 사라지고, 합창단만 있을 뿐이다.

군중 개념은 양적이고 시각적인 것이다. 그 의미를 변질시키지 않고 사회학 용어로 번역한다면, 그것을 '사회대중'이라고 해야 할 것이다. 사회는 언제나 소수와 대중이라는 두 요소로 구성된 역동적 통일체이다. 소수는 특별한 자격을 갖춘 개인이거나 개인들의 집단이고, 대중은 그런 자격을 갖추지 못한 사람들의 집합이다. 따라서 대중을 단순히 '노동대중'으로만 이해해서는 안 된다. 대중이란 '평균인 (el hombre medio)'이다. 이처럼 단순히 양적인 의미의 군중이 이제 질적 특성을 지닌 존재, 곧 공통의 자질과 사회적 무소속성을 특징으로 하는 존재, 자신을 타인들과 구별하지 않고 오히려 일반적 유형을 되풀이하는 사람으로 전환된다. 이와 같은 양질 전화를 통해 우리가 얻은 것은 무엇인가? 대답은 간단하다. 그 덕분에 우리는 양의 기원을 이해할 수 있다. 군중이 정상적으로 형성된 경우에, 군중을 구성하는 개인들의 욕망과 사상, 삶의 양식이 일치했기 때문이라는 것은 두말할 나위 없이 명백하다. 이는 아무리 선별하려고 노력해도 모든 사회집단에서 발생하는 것이라고 할 수 있다. 그러나 본질적인 차이가 하나 있다.

군중이나 대중으로서의 특징이 없는 집단에서는, 그 자체로 대다수를 배제하려는 욕망과 사상 혹은 이상에 따라 구성원들 간의 실제적인 일치가 나타난다. 어떤 집단이든 간에 소수가 되기 위해서는, 상대적으로 먼저 자기 집단을 개별적이고 특수한 이유를 들어 군중과 분리시키는 것이 필요하다. 따라서 소수 구성원들 사이의 일치는 각 집단의 독특성이 만들어진 이후의 부차적인 일이다. 따라서 이때의 일치란 상당 부분이 일치하지 않는다는 점에 대한 일치이다. 이런 집단이 지닌 독특한 성격을 매우 잘 드러내는 사례가 있다. 스스로를 '비국교도', 곧 자신들의 신앙이 수많은 군중의 신앙과 일치하지 않는다는 점에서만 일치를 이룬 자들의 무리라고 부르는 영국인 집단이 그 예이다. 다수로부터 분리되기 위해 소수가 결합하는 일은 소수 집단을 형성하는 데 필수적인 요인이다. 말라르메 (Mallarmé)는 고상한 음악가의 연주를 듣고 있던 소규모 청중을 언급하면서, 이들 청중이 소수의 참석을 통해 다수의 부재를 강조했다고 익살스럽게 표현한다.

엄밀히 말해 대중을 심리학적 의미로 정의하는 데는, 개인들이 대중의 형태로 출현하기를 기다릴 필요가 없다. 우리는 한 개인을 놓고도 그가 대중인지 아닌지 분별할 수 있다. 대중이란 특정한 기준에 따라 자신에 대해 선악의 가치판단을 내리는 것이 아니라, 자신을 '다른 모든 사람들'과 동일시하면서 불편함보다는 편안함을 느끼는 사람들 모두를 의미한다. 겸손한 어떤 사람이 특정한 기준을 근거로 자신을 평가하고서, 다시 말해 자신이 어떤 분야에 재능이 있는지, 어떤 면에서 우수한지를 자문하고서, 자신에게 우수한 자질이 전혀 없다는 결론에 이르렀다고 가정해보자. 이 사람은 자신이 평범하고 비천하며 무능력하다고 느끼겠지만, 자신을 '대중'이라고 느끼지는 않을 것이다.

'선택된 소수'에 대해 이야기할 때는 흔히 이 표현의 본래 의미를 얼버무리는 경향이 있다. 선택된 사람은 자신을 다른 이들보다 우월하다고 생각하는 허풍쟁이가 아니라, 비록 우월한 요구를 성취해내지는 못할지라도, 다른 사람들보다 자신에게 더 많은 것을 요구하는 사람이라는 사실을 무시하기 쉽다. 인간을 가장 기본적인 요소로 분류한다면, 틀림없이 두 부류로 나눌 수 있을 것이다. 하나는 자신에게 많은 것을 요구하면서 스스로 어려움과 부담을 누적시키는 사람들이고, 다른 하나는 자신에게 아무런 부담도 지우지 않는 사람들이다. 이들에게는 산다는 것이 매순간 물결을 따라 표류하는 부표 같은 것이어서, 그들은 완전해지려는 노력을 전혀 기울이지 않는다.

정통 불교도 서로 다른 두 종파로 이루어져 있다. 하나는 매우 엄격하고 까다로운 것이며, 다른 하나는 아주 자유롭고 평범한 것이다. 곧 하나는 대승 또는 대도(大道)를 뜻하는 마하야나 (Mahayana)이고, 다른 하나는 소승 또는 소도(小道)를 뜻하는 히나야나 (Hinayana)이다. 문제는 우리의 삶을 대승에 의탁할 것인가 소승에 의탁할 것인가, 최대의 요구에 맡길 것인가 최소의 요구에 맡길 것인가 하는 것이다.

따라서 사회를 대중과 선택된 소수로 구분하는 것은 사회 계급이 아니라 인간의 우수성으로 나누는 것이므로, 상·하층의 서열과 일치하지 않을 수 있다. 물론 상층에서 대승의 길을 선택하는 사람들을 찾을 가능성이 더 많은 반면, 하층은 대개 자질 없는 사람들로 구성되어 있는 것이 사실이다. 그러나 엄밀히 말하면 각 사회계급 안에는 대중과 진정한 의미에서 선택된 소수가 동시에 존재한다고 할 수 있다. 앞으로 살펴보겠지만, 우리 시대의 특징은 우수한 전통을 지닌 집단에서도 대중이나 범인이 우세하다는 것이다. 이렇듯 본질상 자질을 요구하고 있고 또 그것을 전제로 하는 지적인 생활에서조차, 자질이 없을 뿐만 아니라 자질을 평가할 수도 없고, 정신구조상 부적격인 가짜 지식인들이 점차 승리를 거두고 있다. 아직 남아 있는 남녀 '귀족' 집단에서도 같은 현상이 나타나고 있다. 반면에 전형적인 '대중'으로 여겨지는 노동자들 가운데서 잘 다듬어진 고귀한 정신을 요즘 심심찮게 발견할 수 있다.

사회에는 원래 전문적인 것이어서 그런 재능이 없이는 제대로 수행할 수 없는 업무와 활동과 기능들이 다양하게 존재한다. 이를테면 고급예술의 유희나, 공공문제에 관한 정치적 판단과 통치의 기능을 예로 들 수 있다. 예전에는 자질이 있거나 적어도 그런 자질이 있다고 자처하는 소수가 이런 전문활동에 종사했다. 대중은 이런 활동에 참여하려고 하지 않았다. 만일 그렇게 하길 원한다면 그에 필요한 자질을 갖춰야 하고, 대중이기를 포기해야 한다는 인식이 있었다. 다시 말해 건강한 사회적 역학관계 안에서 자신의 위치를 인식하고 있었던 것이다.

이제 우리가 처음 묘사한 사실들로 돌아가 보면, 그것은 틀림없이 대중 속에서 태도의 변화가 일어나고 있음을 보여주는 전조이다. 이 모든 것은 대중이 사회의 전면에 진출해, 장소를 차지하고 시설을 이용하면서 과거 소수의 전유물이던 유희를 즐기려 한다는 것을 보여준다. 너무 좁은데도 군중이 늘 흘러넘치는 자리라면, 그것은 분명 군중을 위해 마련된 것이 아니다. 이는 대중이 대중이기를 포기하지 않은 채 소수의 자리를 차지하려 한다는 새로운 사실을 시각적 언어로 우리에게 보여준다.

오늘날 예전보다 더 많은 수의 사람들이 유희를 즐긴다고 해서 개탄할 사람은 아무도 없을 것이다. 왜냐하면 그들이 그것에 대한 욕망과 수단을 갖고 있기 때문이다. 문제는 소수의 활동 영역을 떠맡으려는 대중의 결정이, 유희 분야에 국한되어 나타나는 것이 아니라 보편적으로 나타난다는 점이다. 따라서 나중에 살펴보겠지만, 최근의 정치 혁신이란 바로 대중의 정치 지배를 의미한다. 과거의 민주주의는 자유주의와 법에 대한 정열로 넘쳤다. 그 원리를 실현하기 위해 개인은 까다로운 규율을 자신에게 강제로 부과했으며, 소수는 자유주의의 원리와 법률의 보호 아래 생활하고 활동할 수 있었다. 민주주의와 법, 그리고 그에 따른 공동생활은 동의어였다. 그러나 오늘날 우리는 과대민주주의(hiperdemocracia)를 목격하고 있다. 여기서 대중은 법을 따르지 않고 직접적인 행동을 통해 물리적 압력을 행사하면서 자신들의 열망과 욕망을 실현시킨다. 그러나 이 새로운 상황을, 마치 대중이 정치에 권태를 느껴서 전문가의 손에 넘기는 것처럼 해석하는 것은 잘못이다. 사실은 그와 정반대이다. 그런 것은 과거에 존재했고, 그것이 자유민주주의였다. 예전에 대중은 소수의 정치인들이 결함과 약점을 지니고 있기는 하지만, 공적인 문제에 대해서는 자신들보다 좀더 잘 알고 있다고 생각했다. 그러나 이제 대중은 찻집에서 논의되는 화제들에 법의 힘을 실어줄 권리가 자신들에게 있다고 생각한다. 우리 시대만큼 군중이 직접적으로 지배하는 시대가 역사상 언제 있었을까 의심스럽다. 그래서 과대민주주의라고 말하는 것이다.

동일한 현상은 다른 분야, 특히 지적인 분야에서도 일어나고 있다. 내가 잘못 생각하는 것일지도 모르지만, 오늘날 자신이 오래 연구해온 주제에 관해 글을 쓰려고 펜을 드는 작가는, 다음과 같은 사실을 염두에 두어야만 한다. 즉 일반 독자들은 그 주제에 전혀 관심도 없으며, 그들이 그것을 읽는 이유는 뭔가를 배우기 위해서가 아니라, 그들의 머릿속에 들어 있는 평범한 사실들과 작가의 의견이 일치하지 않을 경우, 작가를 비판하기 위해서라는 점이다. 만일 대중을 이루는 개인들이 스스로 전문적 자질이 있다고 생각할지라도, 그것은 개인적 착오에 불과한 것이지 사회학적 반박이 아니다. 우리 시대의 특징은 평균인이 자신이 평범하다는 사실을 알면서도 당차게 평범함에 관한 권리를 주장하면서 그것을 어디서든 실현시키려는 데 있다. 미국의 대중들이 흔히 말하듯이 "남다른 것은 꼴사나운 것이다." 대중은 모든 차이, 즉 우수하거나, 개성이 있거나, 자질이 있거나, 선택되는 모든 것을 억누른다. 모든 사람과 같지 않은 사람이나, 모든 사람과 생각이 다른 사람은 따돌림을 당할 위험이 있다. 물론 이 '모든 사람'은 '모든 사람'이 아니다. '모든 사람'은 본래 대중과 전문적인 소수의 복합체였다. 그러나 이제 '모든 사람'은 대중일 뿐이다.

이것이 난폭한 모습을 숨김없이 드러낸 우리 시대의 가공할 현상이다.

2장 역사 수준의 상승

난폭한 모습을 숨김없이 드러낸 우리 시대의 가공할 현상은 바로 이런 것이다. 더구나 현대 문명의 역사상 전혀 새로운 것이다. 현대 문명의 발전 과정에서 이와 유사한 현상은 나타난 적이 없었다. 만일 비슷한 것을 찾고자 한다면 우리는 현대사를 뛰어넘어 우리와는 전혀 다른 세계로 침잠해야 한다. 즉 고대 세계로 들어가 그 멸망의 시기까지 살펴봐야 한다. 로마제국의 역사 또한 봉기의 역사이자 대중 지배의 역사이다. 대중이 소수 지배자들을 흡수·제거하고 그들의 자리를 대신 차지했다. 또한 당시에도 군중의 충만 현상이 일어났다. 그래서 슈펭글러가 잘 진술한 것처럼, 로마제국은 지금과 마찬가지로 거대한 건물을 축조해야 했다. 대중의 시대는 거대함의 시대다.[2]

우리는 대중의 난폭한 지배 아래 살고 있다. 정말로 그렇다. 나는 이런 지배를 이미 두 번이나 '난폭하다'고 불렀고, 평범함의 신에게 경의를 표시했다. 이제 나는 입장권을 손에 들고 내 주제 속에 들어가 구경거리를 관람할 수 있다. 혹시라도, 과거의 관점에서 볼 때 엄청난 사실을 그 안에 담고 있는 표면적인 특징과 단면을, 정확할지라도 완전히 외관에 불과한 것을 묘사하는 데 내가 만족하리라고 생각했을까? 내가 여기서 논의를 포기하고 시론을 중단한다면, 독자는 마땅히 대중이 역사의 표면에 등장했다는 엄청난 사실이 내게, 그것도 철저하게 귀족적인 역사 해석을 지지하는 것으로 알려져 있는 내게, 혐오감과 증오심이 다분한 무뚝뚝하고 경멸적인 말밖에 불러일으킨 것이 없다고 생각할 것이다.[3] 나는 이제까지 한번도 인간 사회가 귀족적이어야 한다고 말한 적이 없다. 내가 말한 것은 그 이상이다. 나는 지금까지 인간 사회는 원하든 원치 않든 본질적으로 언제나 귀족적이며, 심지어 귀족

---

2 이런 과정이 초래한 비극은 그런 응집이 진행되는 동안 농촌 주민의 유출이 시작되고 제국 인구의 절대적 감소가 일어났다는 것이다.

3 1921년 일간지 『태양』에 처음 연재를 시작한 『척추 없는 스페인』(『전집』 제3권) 참조. 내 책에 대해 관대한 서술을 하고 이따금씩 초판 발행일을 알아내느라 어려움을 겪는 외국인들에게 거의 모든 작품이 신문지면을 통해 발표된 것이고, 그 대부분이 책으로 출간 (1946년)되기까지 긴 시간이 걸렸다는 사실을 이 기회를 통해 밝혀 두고 싶다.

적인 한에서 사회이고 비귀족화되는 순간 사회이기를 포기하는 것이라고 말해왔고, 날이 갈수록 더 큰 확신을 갖고 그렇게 생각하고 있다. 내가 말하고 있는 것은 물론 사회에 관한 것이지 국가에 관한 것은 아니다. 대중이라는 엄청난 볼거리를 앞에 두고 말쑥한 베르사유의 기사처럼 거만하게 찡그리는 데 만족하는 것이 귀족적이라고 생각하는 사람은 아무도 없다. 점잖은 체 하는 베르사유 기사는 귀족이 아니다. 오히려 이와 반대로, 한때는 장엄했지만 이제 사망하여 부패한 귀족에 불과하다. 목에 내려오는 단두대의 칼을 기품 있게 받아들이는 것만이 진정으로 유일한 귀족의 표시였다. 그들은 종양이 메스를 받아들이듯 단두대의 칼을 받아들였다. 아니다. 귀족의 진정한 사명을 의식하는 자는 대중의 광경을 보고 대리석 원석(原石)을 앞에 둔 조각가처럼 흥분한다. 사회적 귀족은 '사회'의 이름을 자처하면서 자칭 '상류사회'라고 부르는, 초청의 유무로만 살아가는 소수 집단과는 아무 상관이 없다. 세상의 모든 것이 고유의 덕과 사명을 지니고 있듯이, 이 소규모의 '우아한 세계'도 방대한 세계 안에서 나름대로의 덕과 사명을 지니고 있다. 하지만 이는 진정한 귀족들이 벌이는 거대한 일과는 비교도 안 되는 사소한 것이다. 별 의미도 없어 보이는 이 우아한 삶의 의미에 대해 논의를 마다할 생각은 없지만, 우리의 주제는 그와 다른 훨씬 중요한 문제이다. 물론

'상류사회' 자체도 시대에 따라 변한다. 마드리드 사교계의 꽃인 젊고 현대적인 한 일류 인기 여배우가 "초대 손님이 800명도 채 안되는 이런 무도회는 정말 견딜 수 없어요."라고 한 말은 내게 깊이 생각할 거리를 주었다. 이 말을 통해 나는, 오늘날 대중의 양식이 생활의 모든 영역에서 승리를 거두고 있으며 '행복한 소수'를 위해 남겨진 것처럼 보였던 최후의 보루마저 위압하고 있음을 감지했다.

따라서 나는 현실의 대중 지배에 숨겨진 적극적 의미를 들춰내지 않는, 그리고 대중 지배를 아무 두려움 없이 마냥 수용하는 현대에 대한 해석을 모두 배격한다. 운명의 심층부는 극적이고 참혹하다. 시대의 위험이 맥박 치는 것을 손으로 느껴보지 않은 사람은 운명의 바닥에 도달하지 못한 채 병든 볼을 어루만질 수밖에 없다. 우리 시대의 소용돌이치는 격렬한 대중의 도덕적 반란은, 모든 운명이 그러하듯 무시무시하고 위압적인 통제 불능의 애매모호한 요소를 내포하고 있다. 그것은 우리를 어디로 이끌고 가는 것일까? 그것은 절대적인 악일까, 개연적인 선일까? 우리 시대 위에는 엄청난 우주의 의문부호와 같은 거대한 것이 세워져 있다. 이는 단두대나 교수대이기도 하고 개선문이 될 수도 있는 불확실한 형태를 취하고 있다.

우리가 분석해야 할 내용은 다음 두 가지로 정리해볼 수 있다. 첫째, 오늘날 대중은 과거에 소수의 전유물로 여겨진 것과 대부분 일치하는 중대한 역할들을 행사하고 있다. 둘째, 그와 동시에 대중은 소수에게 온순하지 않다. 이들은 소수에게 복종하지도 않고 따르지도 않으며 존경하지도 않는다. 반대로 소수를 밀어내고 그들을 대신한다.

첫 번째 사실을 분석해보자. 여기서 하고 싶은 말은 대중이 유희를 즐기고 있으며, 선택된 집단이 만든 시설을 대중이 사용하고 있다는 사실이다. 예전에는 선택된 집단만이 이 시설을 이용했다. 대중은 과거 소수의 전유물이던 사치에 대해 갈망과 욕구를 느낀다. 간단한 예로 1820년 파리의 개인 주택에 열 개의 욕실이 있었을 리는 없다.(『부와뉴 백작부인의 비망록 Memoirs of the Comtesse de Boigne』참조) 그뿐만이 아니다. 예전에는 전문가만이 다루던 기술의 상당 부분을 지금은 대중이 비교적 충분히 알고 있고 활용하고 있다.

이 기술은 물질적 기술만이 아니라 더욱 중요한 법적·사회적 기술도 포함한다. 18세기에는 모든 인간이 특별한 자격이 아니라 단순한 출생 자체에 따라 기본적인 정치적 권리, 곧 인간과 시민의 권리를 소유하고 있다고 깨달은 자들이 일부 소수였다. 이들은 그런 공통적인 기본권이 모든 사람에게 실재하는 유일한 권리이고, 그 밖의 특별한 재능에 따른 권리는 특권이라고 비난했다. 이런 주장은 처음에는 소수에게서 나온 순수한 원리와 이념에 불과했지만, 곧이어 이들 소수, 곧 탁월한 소수는 그것을 실천하고 실현하도록 요구하기 시작했다. 그러나 대중은 19세기 내내 이런 기본권 이념이 하나의 이상이라고 열광했으면서도, 이 권리들을 피부로 깨닫지도 못했고 행사해보지도 주장하지도 않았다. 그들은 실제로 민주적인 법률 아래 살면서도 여전히 자신들이 구체제에 있는 것처럼 인식하며 살고 있었다. '국민(pueblo)' ─ 당시에 이렇게 불렸다 ─ 은 주권이 국민에게 있음을 이미 알고 있었지만 믿지는 못했다. 오늘날에는 이런 이상이 사회생활의 외형적 강령인 법률만이 아니라, 모든 개인의 마음속에 하나의 현실로 자리 잡았다. 각 개인의 이념이 무엇이든 상관없이, 심지어 그런 권리들을 승인하는 제도들을 분쇄하려는 반동적인 경우라 할지라도 그렇다. 나는 이렇듯 기이한 대중의 도덕적 상황을 이해하지 못하는 사람은 오늘날 세계에서 일어나기 시작한 일을 전혀 납득할 수 없을 것이라고 본다. 자격 없는 개인으로서 인간 존재 자체가 주권을 갖는다는 것은 과거에 단순한 이념이나 법적 이상에 불과했지만, 이제는 평균인의 심리 속에 자리를 잡았다. 그리고 주목해야 할 것은 과거에 이상으로 간주된 것이라도 현실의 일부로 바뀌면, 불가피하게 더 이상 이상일 수 없다는 사실이다. 이상의 속성이자 그것이 인간에게 미치는 영향인 위엄과 마력은 사라진다. 관대한 민주적 영감이 담긴 평등권들이 이제는 이상과 열망의 차원을 넘어 무의식적 욕구와 가정으로 바뀌었다.

이런 권리들의 의미는 내면적 예속 상태에서 인간의 영혼을 이끌어내 주인의식과 존엄성을 불어넣어주는 것이었다. 이것이야말로 바라던 것이 아니었던가? 평균인이 스스로 자신과 자기 인생의 주인이자 소유자라고 여겨야 한다는 것이 아니었던가? 이제 그것이 성취되었다. 30년 전의 자유주의자들과 민주주의자들, 진보주의자들은 무엇 때문에 탄식하고 있는가? 그들은 어린아이처럼 뭔가를 원하면서도 그 뭔가의 결과는 원하지 않았던 것인가? 평균인이 주인이기를 바란다면, 그가 자진해서 행동하고 온갖 유희를 즐긴다고 해서, 그가 자신의 의지를 강력히 주장하고 온갖 예속을 거부하며 순순히 따르지 않는다고 해서, 그가 자신과 자신의 여가를 소중히 여기고 자신의 의복에 신경을 쓴다고 해서 이상할 것은 하나도 없다. 이런 것들은 주인의식에 수반되는 영구적 속성들 가운데 일부일 뿐이다. 우리는 그런 속성들이 오늘날 평균인과 대중 속에 존재하고 있음을 발견한다.

그러니까 전에는 상위 소수의 전유물이던 주요 활동들이 이제는 평균인의 삶을 이루고 있다. 평균인은 각 시대의 역사가 움직이는 지평을 나타낸다. 여기서 역사의 지평은 지리에서 해수면에 해당하는 것이다. 오늘날 평균 해수면이 과거 귀족들만 도달했던 지점까지 상승했다면, 이는 한마디로 역사의 수준이 우리의 눈으로 보기에 갑자기 — 그러나 사실은 오랜 잠복기를 거쳐서 — 한 세대 동안에 상승했다는 것을 의미한다. 인간 생활이 전반적으로 상승했다. 이를테면 오늘날의 병사는 장교의 특성을 많이 지니고 있다. 그러니까 인류라고 하는 군대 집단이 이제 장교들로 구성된 셈이다. 오늘날 각 개인이 자신의 인생을 살아가고, 지나가는 쾌락을 움켜쥐고, 자신의 결정을 추진해가면서 보여주는 정열과 결단, 경쾌함을 보면 이를 알 수 있다.

이런 역사 수준의 전반적인 상승은 오늘날과 가까운 미래에 등장할 선과 악 모두의 원인이자 근원이다.

그러나 여기서 예전에는 생각하지 못한 한 가지 사실이 나타난다. 즉 삶의 평균 수준이 과거에 소수가 누리던 수준으로 상승했다는 것이 유럽에서는 새로운 사실일지 모르지만 미국에서는 헌법에 명시된 자연스런 사실이라는 점이다. 나의 논점을 실감하고 싶다면, 법 앞의 평등이란 의식을 고려해보라. 유럽에서는 탁월한 집단만 갖고 있던, 자기 자신에 대해 주인의식을 느끼고 다른 모든 개인과 평등하다는 심리 상태가 미국에서는 18세기 이래 존재해왔다. 따라서 언제나 실재한 것이다.

여기에는 보다 신기한 또 하나의 우연의 일치가 있다. 유럽에 이런 평균인의 심리 상태가 등장하고 전반적인 생활수준이 상승했을 때, 유럽인의 생활양식과 분위기가 모든 면에서 갑자기 모두들 "유럽이 미국화되고 있다."라고 말하게 할 정도의 특징을 보여주었다는 것이다. 물론 이 말을 한 사람들이 그런 현상에 커다란 의미를 부여한 것은 아니었다. 그들은 관습과 유행에 나타난 사소한 변화를 다루고 있다고 생각하면서 외관상의 유사성에 현혹된 나머지 미국이 유럽에 어떤 영향을 미쳤는지도 알지 못한 채 그 변화를 그렇게 표현한 것이다. 나는 그 때문에 매우 미묘하고 놀라운 심각한 문제가 사소한 것으로 변하고 말았다고 생각한다.

바다 저편 사람들에게 사실은 유럽이 미국화되었고, 그것은 유럽에 대한 미국의 영향 때문이라고 배짱 좋게 말하고 싶은 충동이 일어나기도 한다. 그러나 그래서는 안 된다. 지금은 진실이 배짱과 갈등 관계에 있지만 진실이 승리하는 법이다. 유럽은 미국화되지 않았다. 미국에서 큰 영향을 받은 적도 없다. 그런 일이 어쩌면 지금 시작되고 있는지 모르겠지만, 현재를 싹틔운 지난 과거에는 없었다. 바로 여기에 우리들, 곧 미국인과 유럽인의 시야를 방해하는 잘못된 생각이 겹겹이 쌓여 있다. 대중의 승리와 그에 따른 엄청난 생활수준의 상승이 유럽에 나타난 것은 내부적 요인, 곧 두 세기에 걸친 진보적인 대중교육과 사회의 경제적 번영 때문이다. 그러나 그 결과는 미국 생활에 나타난 가장 두드러진 특징과 일치한다. 그래서 평균적 유럽인의 도덕적 상황과 미국인의 그것이 일치하기 때문에, 이전에는 수수께끼와 신비에 지나지 않았던 미국인의 삶을 유럽인이 처음으로 이해할 수 있게 되었다. 따라서 다소 이상하게 보일 수도 있고 '역류'가 될 수도 있는 영향이 문제가 아니라, 아직도 별다른 관심 대상이 되지 않는 평준화가 문제이다. 유럽인들은 언제나 삶의 평균 수준이 미국에서 구대륙보다 더 높다고 어렴풋이 생각했다. 분석이 결여된 이런 확신에 찬 직관을 의문시하지 않은 채, 언제나 미국이 전도유망하다는 관념을 답습한 것이다. 그토록 널리 퍼지고 그토록 뿌리 깊은 관념은, 마치 난초가 뿌리 없이 허공에서 자란다고 말할 수 없는 것과 마찬가지로 바람이 가져다준 것이 아니다. 그런 관념은 미국의 평균 생활수준이 더 높다는 인식에 기초한 것이다. 이는 미국의 선택된 소수의 생활수준이 유럽의 선택된 소수보다 더 낮다는 것과 대조를 이룬다. 그러나 농업과 마찬가지로 역사도 산꼭대기가 아니라 골짜기에서 만들어지고, 탁월한 계층이 아니라 사회의 중간계층에 의해 만들어진다.

우리는 평준화의 시대에 살고 있다. 재산이 평준화되고, 다양한 사회계층의 문화가 평준화되고, 남녀의 차이도 평준화된다. 그리고 대륙간의 차이도 평준화된다. 유럽은 수준이 매우 낮은 상태에 있었기 때문에 이 평준화를 통해 이득을 취했다. 따라서 이런 측면에서 본다면, 대중의 반란이 함의하는 바는 생명력과 가능성의 엄청난 확장이다. 그러나 이와 정반대로 우리는 너무나 자주 유럽의 몰락에 관한 이야기를 듣는다. 그런데 이 말은 엉성하고 조잡해서, 그것이 유럽의 국가들을 두고 하는 말인지, 유럽의 문화를 두고 하는 말인지, 아니면 이 모든 것보다 심층적이고 이 모든 것보다 훨씬 더 중대한 유럽의 생명력을 두고 하는 말인지 잘 알 수가 없다. 유럽의 국가와 문화 — 이에 대해서는 앞서 얘기한 몰락이라는 말이 적용될지도 모른다 — 에 대해서는 나중에 다루기로 하고, 생명력에 대해서는 이 말이 중대한 오류임을 밝힐 필요가 있다. 이를 다른 식으로 표현하면, 내 진술이 보다 설득력이 있거나 그럴듯해 보일 것이다. 이를테면 오늘날 평균 이탈리아인, 평균 스페인인, 평균 독일인의 생명력은 30년 전에 비해 북아메리카인이나 아르헨티나인과 별 차이가 없다. 이런 사실을 미국인들은 잊지 말아야 한다.

3장 시대의 높이

　대중의 지배는 전반적인 역사 수준의 상승을 의미한다는 점에서 바람직한 측면을 지니고 있고, 또한 평균 생활수준이 과거보다 더 향상되었음을 보여주기도 한다. 이는 삶에 서로 다른 수준의 높이가 있다는 것, 그리고 우리 시대의 높이를 얘기할 때마다 무의미하게 반복되는 이 말에 깊은 의미가 있다는 것을 깨닫게 해준다. 이 점은 우리 시대의 가장 놀라운 특징들 가운데 하나를 밝혀주기 때문에 좀더 깊이 생각해봐야 한다.

　예를 들어 이런저런 것이 시대의 높이와 어울리지 않는다고 말하곤 한다. 일정한 높이를 갖고 있어서 어제보다 높아지거나 동일한 수준이거나 아니면 낮아지거나 하는 것은, 실제로 모든 것이 평평한 연대기상의 시대가 아니라 각 세대가

'우리 시대'라고 부르는 생명력을 가진 시대다. 몰락이란 말에 담겨 있는 떨어진다는 이미지는 이런 직관에서 나온 것이다. 더구나 각 사람은 분명하든 흐릿하든 자신의 삶이 해당 시대의 높이에 비해 어떤 처지에 있는지를 생각한다. 현재의 생활방식에서 자신을 궁지에서 헤어날 길 없는 조난자로 인식하는 사람이 있다. 사물이 진행되는 속도와 일이 이루어지는 추진력과 에너지는 고풍스런 사람을 불안하게 만든다. 이런 불안의 정도가 그 사람의 맥박과 시대간의 높낮이를 측정하는 기준이다. 한편 현재의 모든 생활양식에 흡족해 하며 살아가는 사람은 우리 시대와 과거 여러 시대간의 높낮이 관계를 잘 아는 사람이다. 그 관계란 도대체 무엇일까?

어떤 시대에 속한 사람이 과거가 단순히 지나간 시대라는 이유만으로 자신의 시대보다 항상 수준이 낮을 것이라고 생각하는 것은 잘못일 수 있다. 이는 호르헤 만리케 (Jorge Manrique)가 "지난 시절이 더 좋았다."라고 한 것을 기억하는 것으로 충분하다.

그러나 이것도 진실은 아니다. 모든 시대가 과거보다 열등하다고 느낀 것도 아니고, 모든 시대가 과거보다 우월하다고 생각한 것도 아니다. 역사의 각 시대는 색다른 생활수준에 대해 저마다 다른 느낌을 보여준다. 사상가들과 역사가들이 이처럼 명백하고 중대한 사실에 관심을 기울이지 않았다는 것이 놀랍다.

걸으로만 본다면 호르헤 만리케가 표현한 느낌이 가장 일반적인 것이다. 대부분의 시대는 자신들의 시대가 옛 시대보다 수준이 더 높다고 보지 않는다. 그와 반대로 기억 속의 희미한 과거를 더 나은 시대, 더 완벽한 시대로 상정하는 게 더 일반적이다. 그리스와 로마의 교육을 받은 사람들은 '황금시대'를 얘기하고, 오스트레일리아의 미개인들은 꿈의 시대(Alcheringa)를 말한다. 이는 자신들의 삶의 맥박이 활기가 다소 떨어지고 쇠약하여 혈관에 피가 가득 흐르지 않는다고 생각했음을 보여준다. 그래서 이들은 과거, 곧 '고전' 시대를 존경했으며, 그 삶이 자기 시대보다 더 넉넉하고 풍부하며, 더 완전하고 복잡하다고 여겼다. 이들은 과거를 회고하고 보다 용맹스런 세기를 회상하면서, 자신들이 그 시대들을 압도하기는커녕 오히려 뒤쳐져 있다고 생각했다. 이는 마치 온도가 의식이 있다면, 온도 중에 고온이 있는 것이 아니라 고온 안에 더 많은 열량이 있다고 느끼는 것과 마찬가지다. 서기 150년 이후 로마제국에서는 생기가 위축되고 쇠약해지며 맥박이 떨어진다는 느낌이 점차 늘어났다. 호라티우스는 일찍이 "할아버지보다 못한 우리의 아버지가 더욱 타락한 우리를 낳았으며 우리는 훨씬 못한 후손을 낳을 것이다"(송가 제3서 6절)라고 노래했다.

그로부터 2세기 후에는 제국 전체에 백부장(centurion)의 직책을 감당할 용맹스런 이탈리아인들이 부족하여 처음에는 달마티아인들, 나중에는 다뉴브 강과 라인 강의 야만족들을 용병으로 고용하지 않을 수 없었다. 그런가 하면 여성들의 불임이 늘어나 이탈리아 인구는 감소했다.

이제 이와 정반대라 여겨지는 활력이 넘치는 시대를 살펴보자. 이는 규명해볼 필요가 있는 매우 흥미로운 현상이다. 불과 30년 전만 해도 정치인들이 군중 앞에서 연설할 때는 선진 시대와 어울리지 않는다면서 정부의 이런저런 시책을 비난하기 일쑤였다. 그런데 흥미롭게도 이와 동일한 표현이 트라야누스가 플리니우스에게 보낸 유명한 서신에서도 발견된다. 그는 플리니우스에게 "그것이 우리 시대와 어울리지 않는다."라는 익명의 투서 때문에 기독교인을 박해해서는 안 된다고 했다. 그러니까 역사 가운데에는 자신의 시대가 최종적인 높이에 올랐다고 생각한 시대들이 있었고, 여행의 목적지에 도달하여 오랜 숙원을 이뤄내고 희망을 달성했다고 생각한 시대들이 있었다. 여기서 언급하는 것은 '시대의 절정'과 역사적 생명의 완전한 성숙이다. 사실 30년 전에 이미 유럽인들은 인간의 삶이 마땅히 도달해야 할 높이와 여러 세대에 걸쳐 열망해온 수준, 앞으로 영원히 지속돼야 할 위치에 도달했다고 생각했다. 절정에 이른 시대는 준비 시대, 곧 절정에 이르지 못한 열등한 시대들의 결과로 등장한 것이며, 잘 성숙한 시대는 그런 시대들을 딛고 세워진 것이라고 생각되었다. 절정에 이른 시대의 높이에서 보면, 이 준비 시대는 마치 실현되지 않은 순수한 열정과 환상으로 살아간 시대이자 충족되지 않은 욕망의 시대, 애타게 기다리는 선구자의 시대, '아직은 아닌' 시대, 열렬한 대망과 그에 부응하지 못하는 현실간의 고통스런 대조의 시대로 보인다. 19세기는 중세를 이런 식으로 본다. 1천 년이 걸리는 오랜 숙원이 마침내 성취되는, 현실이 이 숙원을 받아들여 그에 복종하는 날이 다가온다. 이제 어렴풋이 바라보던 높이와 바라던 목표, 시대의 정상에 도달한 것이다! '마침내'가 '아직은 아닌'을 계승한 것이다.

이것이 우리 부모와 그들이 살아간 세기 전체가 자신들의 삶에 대해 가진 느낌이었다. 이렇듯, 우리 시대가 절정의 시대 이후의 시대라는 사실을 잊지 말아야 한다. 따라서 다른 쪽, 즉 바로 앞의 절정의 시대에 얽매여 매사를 그런 시각으로 보는 사람이 우리 시대를 절정에서 떨어지는 몰락의 시대로 보려는 환영을 느끼는 것은 불가피한 일이다.

그러나 시대의 맥박을 냉정하게 느끼는 역사를 애호하는 자라면, 절정을 가정하는 이런 시각에 현혹되지는 않을 것이다.

이미 얘기한 바와 같이, '시대의 절정'이 존재하기 위한 필수적인 조건은 수세기 동안 열망해온 오랜 숙원이 마침내 어느 날 이루어지는 것이다. 그리고 사실 이 절정의 시대는 자기만족의 시대이며, 때로는 19세기의 경우처럼 대만족의 시대이다.[4] 그러나 우리는 이제 이런 만족과 성취의 시대가 내부로부터 죽어갔음을 알고 있다. 생의 진정한 절정은 만족과 성취, 도달에 있는 것이 아니다. 세르반테스는 일찍이 "여행길이 여관보다 언제나 좋은 법이다."라고 말했다. 소망과 이상을 만족시킨 시대는 소망의 샘이 말라버려 이제 더 이상 바랄 것이 없다. 다시 말해 그 유명한 절정이 실제로는 종말을 뜻하는 셈이다. 역사에는 소망을 소생시킬 줄 몰라 마치 운 좋은 수벌이 혼례의 비상을 마친 다음 죽어가듯이 만족 속에서 죽어가는 세기들이 있다.[5]

여기서 이른바 절정의 단계들은 언제나 그 심층에서 특수한 비애를 느낀다는 놀라운 사실을 발견하게 된다.

---

[4] 하드리아누스 황제의 화폐에는 "행복한 이탈리아, 황금의 세기, 안정된 토지, 축복의 시대(Italia Felix, Saeculum aureum, Tellus stabilita, Temporum felicitas)"라는 문구가 새겨져 있다. 고전학(古錢學)에 관한 코헨(Cohen)의 역저 외에도 로스토프체프(Rostovtzeff)의 『로마제국의 사회경제사 Social and Economic History of the Roman』(1926, 제52호 도판과 588쪽 주6)에 수록된 화폐들 참조.

[5] 자기 만족의 시대에 대해서는 헤겔의 『역사철학』에 있는 그의 탁월한 서술(호세 가오스가 번역한 스페인어판으로는 『서구지 Revista de Occidente』 제1권, p. 41 이하)를 반드시 읽어보기 바란다.

오랜 세월에 걸쳐 서서히 형성되고 19세기 들어 마침내 실현된 것처럼 보이는 숙원은 요컨대 '현대 문화'라 일컫는 것이다. 그러나 이것은 문제가 많은 이름이다. 한 시대가 자기 시대를 '현대', 즉 최후의 결정적 시대라고 부르고, 나머지 모든 시대는 단순한 과거이자 조심스러운 준비와 열망의 시기에 불과하다는 것이다. 이 무슨 과녁을 빗나간 힘없는 화살인가![6]

　　이제 이쯤 되면 우리 시대와 방금 지나가버린 시대간의 본질적인 차이가 느껴지지 않는가? 사실 우리 시대는 최후라고 간주되지는 않는다. 그와 반대로 그 근저에는, 비록 희미하긴 하지만 최후의, 확실한, 영원히 결정(結晶)된 시대가 존재하는 것이 아니라, 오히려 어떤 시대 — 이른바 '현대 문화' — 를 최후라고 하는 주장이 판단력을 흐리고 시야를 좁히는 것이 아닌가 하는 직관이 자리 잡고 있다. 그리고 이런 점을 느낄 때, 우리는 밀폐된 좁은 경내를 벗어나 별밤을 가로질러 다시

　6　최근의 시대가 스스로 명명한 '현대'와 '현대성'의 본래 의미는 내가 지금 분석하고 있는 '시대의 높이'의 느낌을 매우 예리하게 드러내준다. 현대란 말은 양식에서 나온 것이다. 그것은 과거의 전통적이고 낡은 양식에 맞서 등장한 새로운 양식과 개량 혹은 유행을 의미한다. 그러니까 '현대'란 말은 옛 생활보다 우수한 새로운 생활의식을 의미하며 동시에 시대의 높이를 유지하라는 명령을 뜻하기도 한다. '현대인'에게는 현대적이지 않다는 말이 역사 수준에 못 미친다는 말과 같다.

모든 선과 악이 가능한, 심오하면서도 무시무시한, 예측불허의 끝없는 현실 세계로 들어섰다는 흡족한 감동에 젖는다.

현대 문화에 대한 믿음은 내일이 본질적으로 오늘과 동일하고 진보란 단지 우리가 이미 걸어온 길과 동일한 길을 영원히 전진하는 것에 불과하다는 사실을 인식하는 것이기에 슬픈 일이다. 그런 길은 오히려 우리에게 해방을 주지 않는 끝없는 감옥일 뿐이다.

루카누스나 세네카 같은 변방 출신의 순수한 사람들은 로마제국 초기에 로마에 도착해 막강한 권력을 상징하는 제국의 장엄한 건축물을 보면서 심장이 움츠러든다고 느꼈을 것이다. 로마는 영원한 것이기 때문에 이제 세상에 새로운 것은 없다. 썩은 물에서 풍기는 냄새처럼 폐허에서 나오는 우울함이 있다면, 감수성이 예민한 그 변방인들은 그에 못지않은 답답한 우울함을 느꼈을 것이다. 폐허가 아니라 영원한 건물에서 나오는 우울함이긴 하지만 말이다.

이런 느낌에 비해 우리 시대의 기분은 이제 막 학교를 빠져나온 아이들의 시끌벅적함과 더 유사하지 않을까? 이제 우리는 내일 세상에서 무슨 일이 일어날지 모른다. 그리고 이것이 우리를 은근히 즐겁게 해준다. 왜냐하면 예측할 수 없다는 것과 언제나 모든 우발성에 열려 있다는 것이 바로 진정한 삶이자 충만한 삶이기 때문이다.

일부에 불과한 이런 진단은 현대의 많은 작가들이 작품 속에서 몰락에 대한 탄식을 늘어놓는 것과 대조를 이룬다. 문제는 다양한 원인에서 비롯하는 시각적인 착오다. 그·원인들에 대해서는 다른 기회에 검토해보기로 하고, 여기서는 우선 가장 주요한 요인을 살펴보고자 한다. 그것은 내가 보기에 하나의 이데올로기에 충실한 나머지 역사의 정치적 측면이나 문화적 측면만 보면서 그것들이 역사의 외양에 불과하다는 사실을 깨닫지 못하는 데서 비롯하는 것이다. 역사의 실재는 그보다 앞서고 그보다 더 심오한 것으로서 순수한 삶의 열정이자 우주의 힘과 유사한 힘이다. 즉 바다를 동요케 하고 동물을 수태케 하며 나무에 꽃을 피우고 별을 빛나게 하는 힘과 동일한 힘은 아니지만, 그것의 형제 같은 힘이다.

몰락에 관한 진단에 대해 나는 다음과 같은 점을 얘기하고 싶다. 몰락이란 물론 상대적 개념이다. 그것은 높은 상태에서 낮은 상태로 떨어지는 것이다. 그런데 이런 비교는 상상할 수 있는 것보다 훨씬 다양한 관점에서 할 수 있다. 호박제(琥珀製) 담뱃대를 만드는 제조업자는 이제 그걸로 담배를 피우는 사람이 거의 없기 때문에 세상이 몰락하고 있다고 본다. 다른 관점들은 이보다 더 고상할 수도 있다. 하지만 그것들도 엄격히 말해 전체를 평가해야 하는 삶 자체에 대해서 부분적이고 임의적이며 피상적일 수밖에 없다. 자연스럽고 정당한 관점은 오직 하나밖에 없다. 곧 삶 자체에 입각하여 그 내부에서 삶 자체가 몰락하고 있는지, 다시 말해 왜소해지고 허약해지고 무미건조해지는지를 살펴보는 것이다.

그러나 삶 자체의 내부에서 살펴본다 할지라도, 삶이 몰락을 느끼고 있는지의 여부를 어떻게 알 수 있을까? 나는 어떤 삶이 과거의 어떤 것도 좋아하지 않고 자신에게 만족한다면 결코 몰락이라고 볼 수 없다는 사실이 결정적 징후라는 것을 의심하지 않는다. 시대의 높이 문제에 관한 나의 모든 주장은 바로 이 점에서 나온 것이다. 우리 시대는 분명 이런 점에 있어서, 내가 아는 한 지금까지 알려진 역사 가운데 유일하게 매우 기이한 느낌을 갖고 있다.

지난 세기에 살롱에서는 귀부인과 그녀들의 취향에 길들여진 시인들이 서로서로 "어느 시대에 살고 있다면 좋겠습니까?"라고 질문하는 시간이 반드시 있었다. 질문을 받으면 저마다 자신이 살아온 삶을 뒷전으로 한 채 역사의 흐름을 이리저리 상상하면서 자신의 모습에 잘 어울릴 시대를 찾느라 애를 썼다. 그 까닭은 19세기가 과거를 중심으로 그 바탕 위에 서 있다고 생각했고, 또 실제로 과거의 정점이기도 하다는 만족감을 느끼고 있었기 때문이다. 그리고 페리클레스 시대와 르네상스 시대 같은 상대적으로 고전적인 시대에 현재의 모든 가치들이 준비되어 있었다고 여전히 믿고 있었기 때문이다. 이는 과거의 시대에 충실하도록 만든다. 그들은 얼굴을 뒤로 돌려 자신의 시대 속에서 완성되는 과거를 바라본다.

그렇다면 현시대를 대표할 만한 사람에게 유사한 질문을 한다면 어떻게 대답할까? 의심할 바 없이 과거란 과거는 모두 숨쉬기 곤란한 답답한 공간이라고 생각할 것이다. 다시 말해서 현대인은 자신의 삶이 과거의 어떤 삶보다 낫다고 생각하거나, 거꾸로 과거 전체가 현대인에겐 시시하다고 여길 것이다. 오늘날 우리의 삶에 대한 이런 직관은 그다지 신중하지 않은 몰락에 관한 일체의 주장들을 일소해버린다.

애초부터 우리의 삶은 스스로를 과거의 어떤 삶보다 훨씬 풍부하다고 느끼고 있다. 그렇다면 어떻게 몰락하고 있다고 생각할 수 있겠는가? 사실 그 정반대이다. 더 나은 삶이라 느끼면서 과거에 대한 존경과 관심을 모두 잃어버린 것이다. 이제 우리는 모든 고전주의를 배제하고 어떤 과거에서도 모델이나 규범을 인정하지 않는 시대에 직면해 있다. 그러면서도 이 시대의 시작과 여명, 개시와 유년기는 중단 없는 수세기 동안의 발전 끝에 나타난 듯한 외양을 하고 있다. 뒤돌아보면 그 유명한 르네상스도 우리에게는 답답하고 촌스러우며 헛된 몸짓을 지닌 — 왜 이렇게 말하면 안 되겠는가? — 평범한 시대인 것처럼 보인다.

나는 얼마 전에 이런 상황을 다음과 같이 정리한 적이 있다. "과거와 현재 사이의 심각한 분리는 우리 시대의 보편적 현상으로서 근래의 삶에 독특한 당혹감을 불러일으키는 다소 곤혹스러운 의혹을 내포하고 있다. 우리는 별안간 지상의 외톨이가 되었으며, 죽은 자들은 외견상 죽은 것이 아니라 실제로 죽었기에 더 이상 우리를 도울 수 없다고 느낀다. 남아 있던 전통적 정신은 모두 증발해버렸다. 과거의 모델과 규범, 기준은 이제 아무 소용이 없다. 예술이든 과학이든 정치든 우리는 우리의 문제를 과거의 도움을 받지 않고 현실 속에서 해결해야 한다. 유럽인은 그의 곁에 있던 살아 있는 영혼들도 없이 홀로 서 있다. 마치 페터 슐레밀(Peter Schlemihl)이 자신의 그림자를 잃어버린 것처럼. 이것은 늘 정오에 일어나는 일이다."[7]

요컨대 우리 시대의 높이는 무엇인가?

그것은 시대의 절정이 아니다. 하지만 과거의 어떤 시대보다 상위에 있고, 알려진 모든 정상보다 더 높이 있다고 생각한다. 우리 시대가 갖고 있는 느낌을 스스로 표현하는 것은 쉬운 일이 아니다. 우리 시대는 다른 시대보다 더 충만하다고 생각하며 동시에 하나의 시작이라고 여긴다. 그러면서 죽음의 고민에 빠지지 않으리라는 확신도 없다. 어떤 표현이 적절

---

[7] 『예술의 비인간화 *La deshumanización del arte*』, 『전집』 제3권, 428 쪽.

할까? 이것은 어떨까? 다른 시대보다는 우월하지만 자기 자신보다는 열등하며, 매우 견고하면서도 자신의 운명에 대해서는 불안해하고, 자신의 힘을 자랑스러워하면서도 그것을 두려워하는 시대라는 표현 말이다.

4장 삶의 확장

대중의 지배와 역사 수준의 상승, 그리고 이 상승이 보여
주는 시대의 높이는 보다 보편적이고 포괄적인 한 가지 사실
을 암시하는 징후에 불과하다. 이 사실은 너무 단순해서 이상
스럽기도 하고 거짓말 같기도 하다. 그것은 간단히 말해 세계
가 갑자기 커졌고 그와 더불어 그 속에서 삶도 확장되었다는
것이다. 삶은 사실상 세계화되었다. 여기서 내가 말하려는 바
는, 오늘날 평균인의 삶의 내용이 전지구와 관계하고 있으며,
각 개인은 언제나 전세계와 더불어 생활하고 있다는 점이다.
1년 전 무렵 세비야인들이 북극을 탐험하는 몇 사람에게 일
어나는 일들을 신문을 통해 매시간 추적한 일이 있었다. 이는
태양이 작열하는 안달루시아 평원 위에 빙하수가 이리저리
떠다니는 것과 다름없었다. 이제 지구상의 모든 지역이 지리

적 공간에 갇히지 않고 다른 지역에 중대한 영향을 미치고 있다. 그 효과가 미치는 곳에 물체가 존재한다는 물리학의 원리에 따르면, 오늘날 우리는 지구상의 어떤 지점에서도 가장 실제적인 편재성을 인식할 수 있다. 이런 원거리의 근접성과 부재물(不在物)의 현존은 각 개인의 삶의 지평을 엄청나게 확장시켰다.

또한 세계는 시간의 관점에서도 확장되었다. 선사학과 고고학은 역사 영역을 환상적인 세계에서도 발견해왔다. 얼마 전까지만 해도 이름도 알려져 있지 않던 문명과 제국들이 마치 신대륙처럼 우리의 기억에 연결되었다. 일반인들도 신문이나 영화를 통해 아득히 먼 세계의 단편들을 직접 눈으로 볼 수 있게 되었다.

그러나 세계의 시공간적 확장은 그 자체로는 아무 의미가 없다. 물리적 시간과 공간은 그야말로 어리석은 것들이다. 그래서 일시적인 것이긴 하지만 속도를 숭배하는 현대인들이 생각보다 더 정당한 것처럼 보인다. 시간과 공간에 의해 결정되는 속도가 시간과 공간보다 덜 어리석은 것은 아니다. 하지만 속도는 그것을 무화시키는 기능을 갖고 있다. 하나의 어리석음은 또 다른 어리석음과 함께 할 때 비로소 극복되는 법이다. 아무 의미도 없는 이 우주적인 시간과 공간을 정복하는 일이 인간에게는 명예가 걸린 문제였다.[8] 그러니 단순한 속도가 시간의 목을 베고 공간을 죽이는 것이 우리에게 어린아이 같은 희열을 가져다준다고 해서 놀랄 이유는 전혀 없다. 우리는 시간과 공간을 무화시킴으로써 오히려 시간과 공간에 활력을 불어넣어 생활에 유용하도록 만들 수 있다. 또한 우리는 예전보다 더 많은 장소에 존재할 수 있고, 보다 빈번한 왕래를 즐길 수 있으며, 더 적은 삶의 시간에 더 많은 우주의 시간을 소비할 수 있다.

이렇듯 세계의 실질적인 확장은 규모의 증대를 통해서가 아니라 보다 많은 것들의 포함을 통해서 이루어진다. 그런 많은 것들 — 가장 광범위한 의미를 담아서 — 이 욕망과 노력, 제작과 파괴, 만남과 향유 내지 거부, 곧 모든 생명 활동들의 대상이다.

우리의 활동 중에서 구매 행위를 예로 들어보자. 두 사람, 곧 현대인과 18세기인이 각자의 시대에서 화폐가치로 환산할 경우 동일한 비율의 재산을 소유하고 있다고 가정하고, 각자가 구매할 수 있는 물건의 목록을 비교해보자. 그 차이는 정말 믿을 수 없을 정도다. 현대의 구매자에게 주어진 가능성은 실로 무한대에 가깝다. 시장에 없는 물건을 사고 싶어 하는

---

8 인간의 생명이 유한하고 반드시 죽기 때문에 시간과 거리를 정복하는 일이 필요하다. 불멸의 존재인 신에게는 자동차가 별 의미가 없을 것이다.

경우는 드물며, 반대로 시중에 나온 모든 물건을 사고 싶어 하는 경우도 가능하지 않다. 동일한 비율의 재산을 소유하고 있다고 해서 현대인이 18세기인보다 더 많은 물건을 구매할 수 있는 것은 아니라고 말할 수 있을지도 모른다. 하지만 사실은 그렇지 않다. 오늘날에는 산업의 발달로 거의 모든 물품의 가격이 하락했기 때문에 훨씬 더 많은 물건을 살 수 있다. 그러나 사실이 그렇지 않다고 할지라도, 이는 내 의도와 무관하며 오히려 나의 논점을 더욱 강조해줄 뿐이다.

구매 행위는 특정한 물건을 구입하겠다는 결정을 내리면서 종결되지만, 그에 앞서 선택 활동이 있고 이 선택은 시장이 제공하는 가능성을 파악하는 것에서 시작된다. 그러니까 구매 행위를 통해서 본다면, 삶이란 우선 이런 구매의 가능성으로 이루어진다. 우리가 삶을 얘기할 때는 흔히 이 점을 망각하는 경향이 있다. 하지만 내가 보기에는 매우 본질적인 것인데, 우리의 삶이란 매순간 그리고 무엇보다도 먼저 우리에게 주어진 가능성을 인식하는 것이다. 만일 매순간 우리 앞에 단 하나의 가능성밖에 없다면 가능성이란 말은 무색해질 것이다. 그렇다면 그것은 말 그대로 필연이 다. 그러나 기가 막히게도 우리 앞에 언제나 다양한 출구가 놓여있다는 것이 우리 삶의 근본 조건이다. 그런 출구는 다양하기 때문에, 우리가 그 중에서 선택해야만 하는 가능성의 문제가 발생한다.[9]

우리가 살고 있다고 하는 것은 우리가 일정한 가능성의 환경 속에 있다는 말과 같다. 이 환경을 흔히 '상황'이라고 부른다. 모든 삶은 '상황', 곧 우리를 둘러싼 세계 내에 존재한다.[10] 왜냐하면 이것이 '세계'라는 개념의 본래 의미이기 때문이다. 세계는 우리 삶의 가능성을 적어놓은 목록이다. 따라서 세계는 우리의 삶과 동떨어진 별개가 아니라 삶의 진정한 테두리이다. 세계는 존재의 가능성과 삶의 잠재력을 나타낸다. 이 잠재력이 실현되려면 구체적인 형태를 취하지 않으면 안 된다. 혹은 달리 말하자면, 우리는 우리의 존재 가능성들 중에서 작은 일부에 지나지 않는다. 이 때문에 세계는 우리에게 그토록 거대해 보이고, 세계 안에 있는 우리는 이토록 왜소해 보이는 것이다. 세계 혹은 우리 삶의 가능성은 우리의 운명이나 현실의 삶보다 항상 거대하다.

하지만 지금 내 관심은 잠재력의 측면에서 인간의 삶이 얼

---

9 최악의 경우 세계가 단 하나의 출구로 귀결되는 것처럼 보일지라도, 그 출구와 그것을 통해 세계를 벗어나는 것의 두 가지 가능성이 존재한다. 그러나 문이 방의 일부이듯이, 세계를 벗어나는 것도 세계를 구성하는 일부이다.

10 나의 처녀작인 『돈키호테에 관한 명상 *Meditaciones del Quijote*』 (1916년)의 서문에서도 동일한 표현을 사용했다. 『아틀란티다들 *Las Atlántidas*』에서는 '지평(horizon)'이란 단어를 사용했다. 또한 『관객 *El Espectador*』(제7권)에 수록된 「스포츠를 통해서 본 국가의 기원」(1926, 『전집』 제2권)도 참조.

마나 확장되었는지를 밝히는 데 있다. 그것은 실로 상상할 수 없을 정도로 엄청난 가능성을 갖고 있다. 지적인 면에서는, 보다 많은 '지식화의 길'과 보다 많은 문제, 보다 많은 자료, 보다 많은 학문, 보다 많은 관점이 생겨났다. 원시 시대에는 직업이 목동과 사냥꾼, 전사, 주술사 등 한 손으로 꼽을 수 있지만, 오늘날에는 헤아릴 수 없을 정도로 많아졌다. 유희의 영역에서도 이와 비슷한 일이 발생한다. 삶의 다른 측면과는 다르게 종류가 그렇게 다양하지는 않지만 말이다(이런 현상은 생각보다 훨씬 중요한 문제이다). 그럼에도 불구하고 도시에 사는 — 도시야말로 현대 생활을 대표한다 — 중간계층에게 유희의 가능성은 지난 1세기 동안 엄청나게 증가했다.

그러나 삶의 잠재력 확대가 지금까지 묘사한 것에 국한되지는 않는다. 그것은 더욱 직접적이고 신비로운 방향으로 나아갔다. 체력과 스포츠에 있어서 알려진 과거의 수준보다 오늘날의 기록이 월등하다는 것은 잘 알려진 변함없는 사실이다. 그 각각의 기록에 찬사를 보내고 신기록에 관심을 기울이는 것으로는 충분하지 않으며, 그런 빈번한 기록 갱신이 마음에 남겨주는 인상에 주목할 필요가 있다. 그것은 우리 시대에서 인간의 신체 조직이 그 어느 시대보다도 우수한 능력을 지니고 있다는 확신을 갖게 한다. 이와 비슷한 일은 과학에서도 일어난다. 과학은 불과 10년 사이에 우주의 지평을 믿을 수 없을 정도로 확대시켰다. 아인슈타인의 물리학이 매우 방대한 공간으로 확장되어, 뉴턴의 낡은 물리학은 그 중에서 겨우 작은 다락방을 차지하고 있을 뿐이다.[11] 또한 이런 공간의 확장은 과학의 정밀성이 집중적으로 증대된 데서 기인한다. 아인슈타인의 물리학은 이전에는 중요성이 없다고 무시되거나 고려의 대상에서 제외된 미세한 차이에 주의를 기울임으로써 탄생한 것이다. 과거에는 세계의 최소 단위였던 원자가 오늘날에는 태양계 전체가 될 정도로 팽창했다. 이런 사실을 통해 얘기하고 싶은 바는, 그것이 문화를 완성시키는 데 있어서 중요하다는 것 — 이에 대해서는 별 관심이 없다 — 이 아니라, 이 모든 것이 상정하는 주체적 잠재력의 확장이다. 내가 강조하고 싶은 것은 아인슈타인의 물리학이 뉴턴보다 더 정확하다는 것이 아니라, 아인슈타인이라는 인간이 뉴턴이라는 인간보다 더 큰 정신의 자유[12]와 엄밀성을 지니고 있다는 점이

11 뉴턴의 세계는 무한하지만, 크기가 아니라 공허한 일반화와 추상적이고 덧없는 유토피아의 무한성이다. 아인슈타인의 세계는 유한하지만, 그 모든 부분들이 충만하고 구체적이다. 따라서 더욱 풍부한 세계이며 더욱 확장된 세계다.

12 정신의 자유, 곧 지적인 능력은 전통적으로 분리 할 수 없는 개념들을 해체시키는 능력으로 측정한다. 개념의 해체는 쾰러(Köhler)가 침팬지의 지능 연구를 통해 밝힌 바와 같이 개념의 연합보다 훨씬 더 어렵다. 인간의 지성이 지금보다 더 많은 해체 능력을 지닌 적은 없었다.

다. 이는 오늘날의 권투선수가 더 강한 펀치를 날리는 것과 마찬가지다.

영화와 화보가 아주 멀리 떨어진 지구의 모퉁이들을 평균인의 눈앞에서 보여주듯이, 신문과 대담은 진열장의 최근 발명된 진열장의 장치들이 입증해주는 지적 성과들을 그에게 소개해준다. 이 모든 것이 평균인의 마음에 가능성이 엄청나다는 인상을 심어준다.

그렇다고 해서 오늘날 인간의 삶이 다른 시대보다 더 좋아졌다고 말하고 싶은 생각은 없다. 내가 언급한 것은 삶의 질이 아니라, 양적이거나 잠재적인 측면에서 삶의 전진과 확장이다. 이를 통해 나는 현대인의 의식과 삶의 특색을 정확히 묘사했다고 생각한다. 즉 그것은 현대인이 어느 때보다도 더 큰 잠재력을 느끼면서 모든 과거를 시시한 것으로 취급한다는 점이다.

이런 서술은 몰락, 특히 최근 10년 동안 만연해온 서구의 몰락에 관한 주장에 제동을 걸기 위해 필요하다. 내가 언급한 명백하고 단순한 추론을 상기해보라. 쇠퇴하는 것이 무엇인지를 밝히지 않고 몰락을 운운하는 것은 의미 없는 일이다. 이 비관적인 표현은 문화를 두고 하는 말인가? 유럽의 문화가 쇠퇴하고 있다는 말인가? 아니면 유럽의 국가 조직이 쇠퇴하는 것인가? 그렇다고 가정할지라도 서구의 몰락을 운운할 수 있을까? 어느 정도는 그렇기도 하지만, 이는 문화와 국가라는 역사의 이차적인 요소와 관련된 부분적인 쇠퇴 현상이다. 절대적인 몰락은 오직 생명력의 감소에서 비롯하는 것이며 그것이 느껴질 때만 존재한다. 바로 이런 이유 때문에 간과하기 쉬운 현상, 곧 각 시대가 자신의 삶의 높이에 관해 갖고 있는 의식이나 감정을 살펴보려고 했던 것이다.

그래서 우리는 몇몇 세기는 스스로 절정의 시대에 이르렀다고 생각한 반면, 다른 세기는 훨씬 높은 곳인 고대의 찬란한 황금시대로부터 쇠퇴해왔다는 인식을 갖고 있다고 얘기했다. 그리고 명백한 사실, 곧 우리 시대는 자신이 과거의 다른 어떤 시대보다도 우위에 있다는 색다른 자부심을 갖고 있다는 사실을 지적하는 것으로 결론을 맺었다. 더구나 우리 시대는 과거 전체를 간과함으로써 고전적·규범적 시대를 인정하지 않으며, 자신이 과거의 모든 시대보다 우월하기에 그곳으로 되돌아갈 필요 없는 새로운 삶이라고 인식한다.

이런 내용을 확실히 파악하지 않고서는 우리 시대를 이해할 수 없을 것이다. 왜냐하면 이것이 바로 우리 시대의 문제이기 때문이다. 만일 한 시대가 몰락한다고 느낀다면, 그것은 다른 시대를 보다 더 우월한 시대로 보기 때문에, 다시 말하면 다른 시대를 존중하고 찬미하며 그 시대가 제공하는 원리를 귀하게 여기기 때문이다. 그렇다면 우리 시대는 실현 불가능한 것이라 할지라도 분명하고 확실한 이상을 갖게 될 것이다. 그러나 사실은 그와 정반대다. 우리는 이상을 실현할 엄청난 능력을 자랑하는 시대에 살고 있긴 하지만 무슨 이상을 실현해야 할지는 정작 모르고 있다. 만물을 다스리면서도 자신에 대해서는 자유롭지 않다. 풍요 속에서 상실감을 느끼고 있다. 현대 세계는 그 어느 때보다도 더욱 많은 자산과 지식과 기술을 가졌음에도 불구하고 가장 불행한 시대처럼 표류하고 있다.

바로 이것이 현대인의 영혼을 사로잡고 있는 힘과 불안이라는 특이한 이원성이다. 현대인은 마치 루이 15세의 유년 시절 섭정 왕이 그에게 모든 재능을 다 갖추고 있지만 정작 그것을 활용할 재능은 없다고 말한 것과 같은 처지에 있다. 진보의 신앙이 확고했던 19세기에는 많은 것들이 불가능한 것처럼 보였다. 오늘날에는 모든 것이 가능해 보이기 때문에 우리는 최악의 것, 곧 퇴보와 야만, 쇠퇴도 일어나리라고 느낀다.[13] 이것 자체가 나쁜 징후는 아닐 것이다. 이는 모든 삶에 본질적으로 작용하는 불확실성과 고통, 즐거움이 공존하는 시대의 불안에 우리가 다시 접촉한다는 것을 의미한다. 이

---

13 여기에 쇠퇴를 나타내는 증상들의 근본적인 원인이 있다. 우리가 쇠퇴론자이기 때문이 아니라 모든 가능성을 받아들이기 때문에 쇠퇴의 가능성도 배제하지 않는 것이다.

불안은 시대의 중심과 매순간 피투성이인 채로 고동치는 작은 생명체까지 감싸고 있다. 대개 우리는 작은 심장을 매순간 살아 있게 만드는 그 놀라운 박동에 손대기를 꺼려한다. 우리는 우리의 운명에 관습, 관례, 잡담 등 온갖 종류의 마취제를 놓아 갑작스런 극적인 변화에 무감각해지고 안정을 찾고자 노력한다. 그런데 다행스럽게도 우리는 거의 3세기만에 처음으로 내일 일이 어떻게 될지 모른다는 생각에 놀라워하고 있다.

자신의 실존에 대해 진지한 태도를 취하고 그에 대해 충분한 책임을 지고자 하는 자는 누구나 끊임없는 긴장을 불러일으키는 일종의 불확실성을 느낄 것이다. 로마 군대의 내규에는 보초로 하여금 검지를 입술에 대도록 하는 규정이 있는데, 이는 졸음을 피하고 긴장을 유지케 하려는 것이었다. 이런 몸짓은 밤의 적막을 더욱 고요하게 만들어 언제 들릴지 모를 은밀한 소리에 귀 기울이려는 것으로 나쁜 것은 아니다. 지난 세기와 마찬가지로 절정의 시대가 주는 확신은 미래에 대한 관심을 흩뜨리고 시대의 방향을 우주의 메커니즘에 내맡기게 하는 일종의 시각적인 환상에 불과하다. 마르크스의 사회주의와 마찬가지로 진보적 자유주의도 자신들이 바라는 최상의 미래는 천문학상의 필연과 마찬가지로 반드시 실현되리라고 본다. 그들은 이런 이념에 도취되어 역사의 키를 놓고 긴장을 늦춘 채 민첩성과 효율성을 상실해버리고 말았다. 그리하여 삶은 그들의 손을 벗어나 걷잡을 수 없게 되어 이리저리 떠돌고 있다. 진보주의자는 관대한 미래주의라는 가면을 쓰고서 정작 미래에 대해서는 관심을 갖지 않는다. 그는 미래에는 놀라움도 비밀도 없고 중대한 사건도 본질적인 혁신도 없다고 다짐하고, 세계는 우회나 후퇴 없이 앞으로만 전진한다고 확신하면서 미래에 대한 불안을 떨쳐버리고 현재라는 시점에 안주한다. 오늘날 세계가 계획도 기대도 이상도 없는 것처럼 보인다고 놀랄 필요는 없다. 그런 것들을 준비하는 데 아무도 관심을 갖지 않는다. 이렇게 해서 대중의 반역과 그 이면에 있는 지도하는 소수의 탈주가 진행되어왔다.

이제 대중의 반역으로 화제를 돌릴 때가 되었다. 대중의 승리가 보여준 바람직한 측면을 살펴봤으니, 이제 보다 위험한 다른 측면을 둘러보자.

5장　통계 자료

　이 글에서는 우리 시대와 우리의 현재 삶을 진단해보고자
한다. 진단 내용의 절반 정도는 앞에서 이미 설명한 바 있다.
요컨대 가능성들의 목록으로서 우리의 삶은 멋지고 풍부하며
역사상 알려진 그 어떤 삶보다도 우월하다. 우리의 삶은 그
규모가 훨씬 커서 전통으로부터 물려받은 일체의 경로와 원
리, 규범과 이상을 뛰어넘는다. 우리의 삶은 과거의 어떤 삶
보다도 더욱 활력적이다. 그 때문에 안고 있는 문제도 크다.
과거로부터 아무런 방향 제시도 취할 수 없으며,[14] 운명을 스
스로 개척해나가지 않으면 안 된다.

　이제 진단을 마무리할 때다. 삶이란 무엇보다 가능성의 산

---

14 그러나 과거로부터 긍정적인 방향이 아닌 부정적인 조언을 얻을
　수는 있다. 과거는 우리가 무엇을 해야 하는지는 말해주지 않지만
　무엇을 피해야 하는지는 얘기해줄 것이다.

물로서 여러 가능성들 가운데 실제로 희망하는 바를 선택하는 것이다. 상황과 선택이 삶을 구성하는 본질적인 두 요소다. 상황, 곧 가능성들은 우리의 삶에 주어지고 부여된 것이다. 이것이 우리가 말하는 세계를 구성한다. 삶이 자신의 세계를 선택하는 게 아니다. 그것은 일정한 불변의 세계, 곧 현재의 세계에서 자신을 발견할 뿐이다. 세계는 우리의 삶을 결정하는 일종의 운명이다. 하지만 이 운명이 기계적인 것은 아니다. 우리는 마치 궤도가 이미 결정되어 있는 탄환처럼 실존 속에 발사된 존재가 아니다. 우리가 이 세계 — 세계는 항상 여기 지금의 세계다 — 에 떨어질 때 짊어진 운명은 그와 정반대다. 우리에게 부과된 것은 하나의 궤도가 아니라 여러 개의 궤도이며, 따라서 우리는 선택을 해야만 한다. 얼마나 놀라운 조건인가! 산다는 것은 우리가 자유를 행사하고 우리의 위치를 이 세계 속에서 선택하도록 운명적으로 강요받았음을 느끼는 것이다. 한 순간도 우리의 선택 행위를 쉽게 내버려두지 않는다. 낙담하여 될 대로 되라는 식의 자포자기에 빠진 경우조차도 선택하지 않는다는 선택을 한 것이다.

따라서 상황이 삶을 결정한다고 말하는 것은 거짓이다. 오히려 그 반대로 상황은 항상 새로운 딜레마이고, 그것에 직면한 우리가 선택을 해야만 한다. 선택을 하는 것은 우리의 특성이다.

이 모든 것은 집단적인 삶에도 적용된다. 여기에도 먼저 가능성들의 지평이 존재하고, 다음으로 집단의 효율적인 생존 방식을 선택하고 결정하는 결단이 뒤따른다. 이런 결단은 사회가 지니고 있는 성격이나 혹은 그와 동일한 사회 내의 지배적인 인간 유형에서 나온다. 우리 시대는 대중이 지배하고 대중이 선택한다. 이것이 민주주의와 보통선거 시대에 이미 일어난 일이라고 말하지 마라. 보통선거에서는 대중이 결정을 내리는 게 아니다. 대중의 역할은 이런저런 소수파의 결정에 찬동하는 것이었을 뿐이다. 대중은 소수가 집단적 삶에 제시한 '프로그램들' 가운데 하나를 받아들이면 되는 것이었다.

오늘날에는 전혀 다른 일이 벌어지고 있다. 대중의 승리가 가장 진척된 국가들, 곧 지중해 연안 국가들의 공적인 삶을 관찰할 경우, 우리는 정치적으로 무계획적인 하루살이 삶을 살고 있음에 놀라게 된다. 그야말로 기이한 현상이다. 공적 권위는 대중의 대표자에게 주어져 있다. 대중은 세력이 매우 강대해서 어떤 반대도 용납하지 않는다. 대중이 소유하고 있는 권력은 비교할 수 없는 최고의 형태이며, 이처럼 강력한 통치 상황은 역사상 찾아보기 어려울 정도이다. 그럼에도 불구하고 공적 권위, 곧 정부는 하루살이의 존재에 불과하다. 그렇다고 전도가 밝은 것도 아니고 발전이나 전개 과정을 짐작할 수 있는 어떤 계획을 시작한 것처럼 보이지도 않는다.

간단히 말해서 삶의 프로그램도 없고 계획도 없다. 어디로 가는지도 모른다. 엄밀히 말해서 어디론가 가고 있지도 않을 뿐만 아니라, 정해진 길도 예정된 궤도도 없기 때문이다. 이 공적 권위는 스스로를 정당화하려고 할지라도 미래에 대해서는 아무런 언급도 하지 않을 것이다. 오히려 현재에 틀어박힌 채 진지한 목소리로 "나는 상황이 만들어낸 비정상적인 정부다."라고 말할 것이다. 다시 말해서 정부의 구성이 현재의 시급성 때문이지 미래를 고려한 것이 아니라는 것이다. 이런 까닭에 정부의 활동은 매시간 갈등의 회피에 국한된다. 갈등을 해결하는 것이 아니라 잠시 피하는 것이다. 잠시 후에 더 큰 갈등에 빠질 것을 감수하고서라도 온갖 수단을 다 동원한다. 대중이 공적 권위를 직접 행사할 때는 언제나 그러했다. 전능하면서 단명했다. 대중은 삶의 계획이 없이 표류하는 인간이다. 그래서 그의 가능성과 권력이 아무리 막대하다 할지라도 아무 것도 건설하지 않는다.

이런 유형의 인간이 우리 시대를 결정하고 있기 때문에 우리는 그 성격을 분석해볼 필요가 있다.

분석의 열쇠는 이 글의 처음으로 돌아가 오늘날 역사 무대에 차고 넘치는 이 모든 대중들이 어디서 왔는지 자문할 때 주어진다.

위대한 경제학자 베르너 좀바르트(Werner Sombart)는 수

년 전 지극히 단순한 사실을 하나 지적했다. 그런데 이상하게도 현대의 제반 문제들에 골몰하는 사람들은 이 사실을 염두에 두지 않는다. 너무도 단순한 이 사실은 그 자체만으로도 오늘날의 유럽에 대한 우리의 시각을 밝혀주기에 충분하다. 그렇지 않다 하더라도 우리를 그 길로 인도해준다. 그것은 유럽의 역사가 시작된 6세기부터 1800년에 이르기까지 12세기에 걸쳐 유럽 인구가 1억8천만 명을 넘지 않았다는 것이다. 그런데 1800년부터 1914년까지 1세기가 조금 넘는 기간 동안 유럽 인구는 1억8천만 명에서 4억6천만 명으로 늘어났다. 이 수치를 비교해보면, 지난 세기의 인구 증가가 엄청난 것이었다는 데 의심의 여지가 없을 것이다. 이 세 세대 동안 생산된 거대한 인간의 무리는 급류처럼 역사의 평원에 흘러넘쳤다. 거듭 말하지만, 이런 사실은 대중의 승리를 이해하는데 충분한 도움을 준다. 그 안에 대중의 승리가 예고되어 있고 반영되어 있다. 이 사실은 또한 내가 앞서 말한 삶의 확장이라고 하는 문제에 덧붙여야 할 매우 구체적인 자료이다.

그러나 이것은 동시에 미국과 같은 신생 국가들의 인구 증가를 추켜세우는 찬사가 얼마나 근거 없는 것인가를 보여준다. 유럽의 인구 증가가 경이적인 것인데도 우리는 한 세기 동안 1억 명으로 늘어난 미국의 인구 증가에 경탄해마지 않는다. 바로 여기에 유럽의 미국화라는 환상을 깨뜨려야 할 또 하나의 이유가 있다. 명백한 미국의 특징, 곧 인구 증가의 속도라는 것은 결코 미국 특유의 현상이 아니다. 유럽은 지난 세기에 미국보다 더 많은 인구 증가를 기록했다. 미국의 인구 증가는 유럽 인구의 범람에서 형성된 것이다.

그러나 베르너 좀바르트가 제기한 사실이 마땅히 그래야 할 만큼 널리 알려지지는 않았다 할지라도, 유럽 인구가 상당히 증가했다는 사실은 막연하나마 충분히 알려져 있었다. 앞서 인용한 수치 가운데 나의 관심을 끄는 것은 인구 증가가 아니라 그 대조를 통해 강조되는 현기증 날 정도의 증가 속도이다. 이것이 현재 우리의 관심사다. 왜냐하면 이 현기증 나는 속도에는 엄청난 수의 인간이 너무나 급속도로 역사 무대에 쏟아져 나오는 바람에 이들을 전통 문화로 흡수하는 것이 쉽지 않았다는 의미가 담겨 있기 때문이다.

그리고 현재 유럽의 평균인이 19세기인들보다 더 건강하고 강한 정신을 소유하고 있긴 하지만 훨씬 더 단순한 것도 사실이다. 그래서 가끔씩 해를 거듭한 문명 속에 원시인이 불현듯 출현한 인상을 준다. 학교는 지난 세기의 자랑거리였음에도 불구하고 대중들에게 오로지 현대적인 삶의 기술만을 가르쳤을 뿐 계몽시키지는 못했다. 대중들에게 열심히 생존 수단들을 제공하긴 했지만 위대한 역사적 사명감을 심어주지는 못했다. 그들에게 현대적인 도구의 힘과 긍지를 허겁지겁

전해주었지만 그 정신을 심어주지는 못했다. 그래서 그들은 정신과는 무관하다. 그리고 새로운 세대는 세계가 마치 과거의 흔적도 없고 전통 문제와 복잡한 문제도 없는 천국인 것처럼 세계의 지배권을 장악하려고 한다.

그러니까 지난 19세기는 대규모 군중을 역사의 표면에 등장시킨 영예와 책임을 동시에 안고 있다. 이런 사실은 지난 세기를 공정하게 평가할 매우 적절한 관점을 제공해준다. 그토록 풍성한 인간 과일이 생산된 것을 보면 지난 세기에 뭔가 비교할 수 없는 특별한 것이 있었음에 틀림없다. 이 놀라운 사실을 충분히 이해하고 소화하려는 증거를 사전에 보여주지 않고서 과거의 한 시대에 영감을 불어넣어준 원리들을 내세우는 것은 우습기 짝이 없는 경박한 짓이다. 이제까지의 역사는 '인간'이라는 식물에 이로움을 주는 공공생활 방식을 얻기 위해 온갖 실험을 다해본 하나의 거대한 실험실이다. 잡다한 실험 끝에 우리는 자유민주주의와 과학기술이라는 두 원리에 인간 종자를 투여할 경우 단 한 세기만에 유럽인이 세 배로 늘어난다는 사실을 발견했다.

정신이상자 취급을 받지 않으려면 이토록 엄청난 사실로부터 다음과 같은 결론을 도출해내야 한다. 첫째 기술 창조에 기반을 둔 자유민주주의가 이제까지 알려진 공적 생활 가운데 최고의 형태다. 둘째 이런 생활이 최상의 유형은 아니라도 좋은 유형이라면 앞서 얘기한 원리들의 본질을 지니고 있어야 한다. 셋째 19세기보다 못한 생활 형태로 되돌아가는 것은 자살 행위다.

이상의 내용을 사실 자체가 요구하는 대로 명백하게 받아들인다면 19세기에 반격을 가하는 게 필요하다.

만일 19세기에 뭔가 비교할 수 없는 특별한 것이 분명히 존재한다면, 근본적인 악습과 제도적인 결함 때문에 새로운 인간, 곧 반역하는 대중적 인간이 출현하여 삶을 구성하는 원리 자체를 매우 위태롭게 만든다는 것 또한 그에 못지않게 확실하다. 만일 이런 유형의 인간이 계속해서 유럽을 지배하고 최종적인 결정권을 행사한다면, 30년 정도만 지나면 우리 대륙은 야만 상태로 되돌아가고 말 것이다. 상품 제작의 기밀이 수차례 사라진 것과 마찬가지로 법률적·물질적 기술도 쉽게 사라져버릴 것이다.[15] 삶은 위축될 것이고 현재의 풍부한 가능성들은 실질적인 감소와 결핍, 그리고 고통스런 무기력으

---

15 현대의 가장 위대한 물리학자 가운데 한 사람이며 아인슈타인의 동료이자 후계자인 헤르만 베일(Hermann Weyl)은 어느 날 사적인 대화 도중 갑자기 열 명 혹은 열두 명의 저명한 물리학자가 사망한다면 현대 물리학의 경이가 틀림없이 인류에게서 영원히 사라지고 말 것이라고 말했다. 복잡한 추상적인 물리학 이론에 두뇌를 적용시키는 데에는 수세기의 준비가 필요했다. 어떤 사건이라도 미래 기술의 기초가 되는 인간의 경이적인 가능성을 파괴시킬수 있을 것이다.

로 변할 것이다. 진짜 몰락을 겪게 될 것이다. 왜냐하면 대중의 반역은 라테나우(Rathenau)가 '야만인들의 수직적 침입'이라고 부른 것과 동일한 것이기 때문이다.

따라서 최선과 최악의 힘을 지닌 대중을 철저히 이해하는 것이 무척 중요하다.

6장　대중의 해부

　　정치 생활이든 비정치 생활이든 오늘날 공공생활을 지배하는 이 대중은 도대체 어떤 사람일까? 왜 그렇게 되었을까, 다시 말해 어떻게 만들어진 것일까?

　　이 두 질문은 서로서로 명료성을 더해주기 때문에 일괄적으로 대답할 필요가 있다. 오늘날 유럽의 실존을 진두지휘할 사람은 19세기를 이끈 사람과 매우 다르다. 하지만 그는 19세기에 만들어지고 준비된 인간이다. 명석한 두뇌를 가진 1820년과 1850년, 1880년의 사람이라면 누구나 단순한 선험적 추론을 통해 오늘날의 역사적 상황의 심각성을 예견할 수 있었을 것이다. 사실 백 년 전에 예견되지 않은 새로운 사건이 발생한 경우는 전혀 없다. 헤겔은 "대중이 전진한다!"라는 암시적인 말을 남겼다. 콩트는 "새로운 정신적 지도력이 없다면 혁명 시대에 속한 우리 시대는 파국을 맞이하고 말 것이다."라고 예고했다. 콧수염을 기른 니체는 엥가딘 바위에 올라 "허무주의의 물결이 밀려오는 것을 본다."라고 외쳤다. 역사를 예견할 수 없다는 말은 거짓이다. 역사가 예언된 경우는 셀 수 없을 정도다. 만일 미래가 예언에 열려 있지 않다면, 그것이 실현되어 과거가 된다 해도 이해될 수 없을 것이다. 역사가가 뒤돌아선 예언자라는 것은 모든 역사 철학을 요약해주는 관점이다. 역사가는 물론 미래의 일반적인 구조를 예측할 수 있을 뿐이다. 그러나 이 구조 자체가 사실은 우리가 과거나 현재에 대해 이해할 수 있는 유일한 것이다. 그래서 자신의 시대를 잘 보길 원한다면 멀리서 봐야 한다. 어느 정도의 거리를 두고 보는 것이 적당할까? 그 대답은 매우 간단하다. 클레오파트라의 코가 보이지 않을 정도의 거리면 족하다.

19세기에 점차 대량생산된 이 대중의 삶은 어떤 모습을 지니고 있을까? 우선 모든 면에 파고든 물질적 편의를 들 수 있다. 평균인이 자신의 경제 문제를 이처럼 수월하게 해결할 수 있었던 적이 없었다. 재산 규모의 비율이 축소되고 산업노동자의 생활이 더욱 곤란해지긴 했지만, 어느 계층이든 각 사회계층 내의 평균인의 경제적 전망은 날로 호전되었다. 그의 생활수준 목록에는 날마다 새로운 사치품이 추가되었다. 그의 지위는 날이 갈수록 안정되고 타인의 임의로부터 독립되었다. 이전에는 운명에 대해 겸손한 마음을 갖게 한 행운의 선물로서 간주되던 것이 이제는 감사할 게 아니라 요구해야 할 권리로 바뀌었다.

1900년부터는 노동자도 자신의 삶을 확장하고 안전을 확보해나가기 시작한다. 그러나 이를 달성하기 위해 그는 싸워야만 한다. 그는 평균인처럼 사회와 국가 같이 경이로운 조직이 제공하는 복지를 누리지 못하고 있다.

이런 경제적 편의 및 안정과 아울러 육체적인 것들, 곧 안락함과 공공질서를 언급해야 한다. 삶이란 쾌적한 궤도 위를 달리는 것이어서 위험스럽고 난폭한 것이 들이닥칠 것 같지는 않다.

이처럼 자유로운 개방 상태는 평균인들의 심층부에 삶에 관한 인상을 하나 심어주었는데, "카스티야는 넓다."라고 하는 재치와 기지가 넘치는 우리 조상들의 표현에서 그것을 찾아볼 수 있다. 말하자면 새 인간에게 제시된 삶이란 기본적이고 결정적인 모든 차원에서 거침이 없는 것이었다. 과거의 서민들에게는 이런 삶의 자유가 전혀 존재하지 않았다는 점을 상기한다면, 이런 사실과 그 중요성을 빨리 이해할 수 있을 것이다. 그들에게는 삶이 경제적으로뿐만 아니라 육체적으로도 답답한 것이었다. 그들에게 삶이란 나면서부터 감내할 수밖에 없는 장애물 덩어리였다. 그들에게는 장애물들에 적응하고 그 사이로 난 좁은 틈바구니 속에서 살아가는 길 외에 다른 대안이 없었다.

물질적인 면에서 시민적·도덕적인 면으로 눈을 돌리면 이런 상황의 대조는 더욱 분명해진다. 19세기 중반 이후에는 평균인 앞에 놓여 있던 사회적 장애물이 제거된다. 공적인 삶의 영역에서는 태어나면서부터 어떤 방해나 제한도 받지 않게 되었다. 아무 것도 그의 삶에 제약을 가할 수 없다. "카스티야는 넓다"가 적용되기 시작한 것이다. '신분'도 '카스트'도 없었고 특권을 지닌 시민도 없었다. 평균인은 모든 인간이 법적으로 평등하다는 사실을 알게 되었다.

역사적으로 인간이 이상과 같은 조건들로 이루어진 상황과 조금이라도 흡사한 생활환경에 놓인 적은 결코 없었다. 19세기에 시도된 것은 사실 인간 운명에 나타난 근본적인 혁신과 같은 것이다. 새로운 생활 무대가 만들어졌다. 이는 육체적인 면에서도 새롭고 사회적인 면에서도 새로운 것이었다. 이 새로운 세계에서는 세 가지 원리, 곧 자유민주주의와 과학적 실험과 산업주의가 가능하게 되었다. 뒤의 두 원리는 과학기술이라는 한 가지 원리로 요약될 수 있다. 그 가운데 어떤 것도 19세기에 발명된 것은 아니며 그 이전의 두 세기에 걸쳐 계승되어온 것이다. 19세기의 영예는 이 원리들을 발명한 데 있는 것이 아니라 그것들을 퍼뜨린 데 있다. 이를 모르는 사람은 아무도 없다. 그러나 추상적인 인식만으로는 불충분하고 그것이 가져온 냉정한 결과들을 이해해야 한다.

19세기는 본질적으로 혁명적인 시대였다. 혁명적인 것을 바리케이드의 광경에서 찾아서는 안 된다. 그 자체로는 혁명을 만들어내지 못한다. 하지만 19세기는 그런 광경을 통해 평균인 — 거대한 사회대중 — 을 여태껏 그를 둘러싼 상황과는 전혀 다른 반대 상황에 놓이게 만들었다. 공공생활이 거꾸로 돌아갔다. 혁명이란 기존 질서에 대한 반란이 아니라 전통적인 질서를 얼버무릴 새 질서를 수립하는 일이다. 따라서 공공생활의 측면에서 볼 때 19세기가 낳은 인간이 다른 모든 시대의 인간들과는 다른 인간이라고 말해도 과언은 아니다. 물론 18세기인도 17세기의 지배적인 인간과 다르고, 후자는 또한 16세기의 인간과 다르다. 그러나 19세기의 새로운 인간이 그들 모두와 대면한다면, 모두가 상호 관련이 있고 유사하며 심지어 본질적인 면에서는 동일한 것으로 드러날 것이다. 어느 시대나 '평민'에게 삶이란 무엇보다도 제약과 의무와 예속, 한마디로 말하면 압력을 의미했다. 원한다면 억압이라고 불러도 좋다. 우주적 차원을 망각한 채 법적·사회적 차원에서만 이해하지 않으면 된다. 왜냐하면 과학기술이 물리적·행정적으로 무제한 팽창하기 시작한 백 년 전까지만 해도 우주적 억압이 전혀 없었던 것은 아니기 때문이다. 전에는 부자와

권력자도 가난과 곤란과 위험의 세계에서 살았다.[16]

새로운 인간을 둘러싼 세계는 태어날 때부터 아무런 제약을 가하지 않으며 그 어떤 금지나 제지도 없다. 오히려 그의 욕망을 자극하여 무한대로 만든다. 19세기와 20세기 초의 세계는 완벽성과 완전성을 실제로 소유하고 있을 뿐만 아니라 마치 스스로 무한한 성장을 이루기라도 하듯 주민들에게 내일은 더욱 부유해지고 더욱 완전해지며 더욱 풍부해지리라는 확신을 제시한다. 오늘날 이 확고부동한 신앙에 작은 균열이 일어나고 있다는 증상이 있긴 하지만, 그래도 자동차가 5년 내에 지금보다 더 쾌적하고 더 가격이 내려가리라는 데 이의를 제기하는 사람은 별로 없다. 태양이 내일 다시 떠오른다고 생각하는 것처럼 확신한다. 이 비유는 그럴 듯 하다. 왜냐하면 실제로 일반인은 기술적·사회적으로 완벽한 세계에 살면서도 그것이 자연의 산물이지 탁월한 개인들의 천재적인 노력의 산물이라고는 생각하지 않기 때문이다. 더구나 이 모든 편의시설이 고도의 인간 능력에 기초한 것이며 사소한 결정

---

16 한 사람이 다른 사람에 비해 아무리 부유하다 할지라도 세계 전체가 빈곤했기 때문에 그 부를 통해 누릴 수 있는 편의시설이란 극히 제한적이었다. 오늘날 평균인의 삶은 다른 시대의 그 어떤 권력자의 삶보다도 더욱 안락하고 편안하며 안전하다. 세계가 그에게 멋진 도로와 철도, 전화, 호텔, 신변의 안전, 아스피린을 제공해 준다면 다른 사람보다 부유하지 않다고 해서 무슨 차이가 있을까?

으로 장엄한 건물이 순식간에 사라져버릴 수도 있다는 사실을 인정하지 않을 것이다.

이제 우리는 현대 대중의 심리 분석표에 두 가지 중요한 특징을 기록해볼 수 있다. 하나는 삶의 욕망, 곧 개성(persona)의 무한한 확대이고, 다른 하나는 생활의 편의를 가능케 해준 모든 것에 대한 철저한 배은망덕이다. 이는 응석받이 어린이의 심리를 구성하는 특징이기도 하다. 사실 이런 특징을 현대 대중의 정신을 들여다보는 틀로 사용하더라도 별 탈은 없을 것이다. 새로운 인간은 천재적인 영감과 노력을 발휘한, 장기간의 과거를 이어받은 계승자로서 주변 세계의 귀여움을 받아왔다. 응석을 부린다는 것은 욕망을 제한하지 않을 뿐만 아니라 모든 것이 허용되고 아무런 책임도 지지 않는다는 인상을 준다. 이런 체제에 속한 사람은 자신의 한계에 봉착해본 경험이 없다. 그는 주변에서 어떤 압력도 받아본 적이 없고 타인들과 충돌을 겪어본 적도 없기 때문에 유아독존적인 사고에 빠지고 타인들을 중시하지 않는, 특히 그 누구도 자신보다 우월하다고 생각하지 않는 버릇을 갖고 있다. 타인의 우월성에 대한 의식은 자신보다 더 강한 자가 욕망을 단념케 하거나 축소하고 제한할 때 비로소 주어지는 것이다. 그때 비로소 "나는 여기서 끝나고 이제부터는 나보다 강한 사람이 시작한다. 세상에는 분명히 두 부류의 사람이 있다. 나 자신과 나보다 우수한 타인이다."라는 기본 원칙을 배우게 된다. 다른 시대의 평균인은 자신의 세계를 통해 이런 기본적인 지혜를 날마다 터득했다. 왜냐하면 세계의 조직이 너무 엉성해서 파국이 잦았으며, 확실하고 풍족하거나 안정된 것이 전혀 없었기 때문이다. 그러나 새로운 대중은 가능성이 풍부할 뿐만 아니라 안전한 세계, 우리가 어깨 위로 태양을 들어올리지 않아도 해가 높이 떠 있는 것처럼 아무런 사전 노력 없이도 모든 것이 준비되어 있는 세계에 살고 있다. 자신이 호흡하는 공기를 두고 타인에게 감사하는 사람은 아무도 없다. 공기는 누군가에 의해 만들어진 것이 아니기 때문이다. 그것은 희소하지 않은 '거기에 있는 것', 우리가 '자연'이라고 부르는 것이다. 응석받이 대중은 물질적·사회적 조직이 공기와 다름없이 주어진 것이고 외견상 소멸하지 않기 때문에, 그와 동일한 기원을 갖고 있고 너무 완벽하며 자연스런 것이라고 생각할 정도로 어리석다.

따라서 내가 제기하고 싶은 명제는 다음과 같다. 즉 19세기가 일부 생활 영역에 부여한 조직의 완벽성으로 인해 그 수혜자들인 대중이 그것을 조직이 아니라 자연이라고 간주한다는 것이다. 이 대중이 보여주는 불합리한 심리 상태는 이렇게 설명되고 정의될 수 있다. 곧 그들은 자신의 복지에만 관심을 기울일 뿐 그 복지를 낳은 원인에 대해서는 무관심하다. 그들

은 문명의 편의 속에서 엄청난 노력과 세심한 배려를 통해서
만 유지될 수 있는 거대한 발명과 건설을 보지 못하기 때문
에, 자신의 역할은 그런 편의를 마치 자연권인 것처럼 집요하
게 요구하는 것이라고 생각한다. 식료품 부족으로 일어난 폭
동에서 대중은 흔히 빵을 요구한다. 또한 빵을 위해 그들은
대개 빵집을 때려 부순다. 이것이 바로 오늘날의 대중이 자신
을 길러준 문명에 용의주도하게 맞서는 행동을 상징적으로
보여주는 것이라고 할 수 있다.[17]

---

17 평민과 '귀족'을 막론하고 대중은 그대로 내버려두면 삶에 열중하
느라 오히려 그 삶의 근원을 파괴하는 경향이 있다. 내가 평소에
이런 경향을 풍자한다고 생각해온 사건이 있다. 그것은 카를로스
3세의 대관식이 거행되던 1759년 9월 13일 알메리아 부근의 니하
르라는 마을에서 일어났다. 마을 광장에서 즉위 선포식이 거행되
었다. "곧이어 그곳에 참석한 모든 군중을 위해 마실 것을 가져오
게 했다. 그들은 77아로바 (약 9백 킬로그램)의 포도주와 네 부대
의 독주를 마셨다. 마음이 흥분된 나머지 환호를 연발하며 공동
창고로 몰려가 그 안에 비축된 밀과 금고 안에 있던 9백 레알을
창문 밖으로 내던졌다. 그리고는 전매점으로 달려가 월 납부금과
담배를 내던지라고 했다. 의식(儀式)의 권위를 더욱 높이기 위해
가게에서도 모든 음료와 식료품을 흩뿌리라고 했다. 성직자들도
동일한 열정을 갖고 모여들어 때때로 여인들보고 집안에 있는 모
든 것을 내던지라고 했다. 그녀들은 아무 생각 없이 그 말에 순종
했다. 그 결과 집안에는 빵과 밀, 밀가루, 보리, 접시, 냄비, 절구
는 물론이거니와 의자가 남아나지 않았으며 마을은 폐허가 되었
다." 이는 마누엘 단빌라 (Manuel Danvila)씨가 저술한 『카를로스

3세 치세 *Reinado de Carlos III*(제2권 10쪽 주2)에서 인용한, 산체스 데 토카(Sánchez de Toca)씨가 소장하고 있는 당대의 한 문서에 기록된 내용이다. 이 마을은 국왕의 즉위를 축하하는 즐거움을 위해 마을 자체를 파멸시켰다. 찬탄할만한 니하르여! 미래는 그대의 것이다!

7장 고귀한 삶과 평범한 삶, 혹은 노력과 게으름

우리는 우리 세계의 안내를 받는 존재들이다. 그리고 우리의 정신에는 마치 주형에 의해 형체가 만들어지듯 근본적으로 우리 세계의 흔적이 찍혀 있다. 이는 당연한 것이다. 산다는 것은 바로 세계와 관계를 맺는 일이기 때문이다. 우리에게 제시되는 세계의 일반적인 양상이 곧 우리 삶의 일반적인 양상이 된다. 그래서 나는 현대의 대중을 탄생시킨 세계가 역사상 완전히 새로운 모습을 띄고 있다는 점을 강력히 주장하는 것이다. 과거에는 평균인의 삶이 곤경과 위험과 결핍, 운명의 제약과 예속에 둘러싸였던 데 반해, 새로운 세계에는 실로 무한한 가능성과 안전이 보장되며 그 누구에 의해서도 종속되지 않는다. 과거인들의 정신이 당대의 세계 속에서 형성된 것처럼, 현대인들의 정신도 기본적이고 지속적인 이런 인상 속에서 형성되어간다. 왜냐하면 이런 기본적인 인상이 내면의 소리로 전환되어 개인의 마음 깊은 곳에서 끊임없이 뭔가를 속삭이고 일종의 명령처럼 삶의 정의를 집요하게 암시하기 때문이다. 만일 전통적인 인상이 "산다는 것은 우리의 한계를 느끼는 것이며 따라서 우리에게 제약을 가하는 것을 고려해야만 한다."라고 말했다면, 새로운 목소리는 "산다는 것은 어떤 한계에도 직면하지 않는 것이며 따라서 자기 자신에게 몸을 맡기는 것이다. 실제로 불가능한 것은 아무 것도 없고 위험한 것도 없으며 원칙적으로는 아무도 다른 사람보다 우월한 사람은 없다."라고 외친다.

이런 기본적인 경험은 전통적이며 영속적인 대중의 구조를 완전히 바꿔놓는다. 대중은 물질적인 제약과 사회적인 상위 권력을 항상 느껴왔다. 그들의 눈에는 이것이 삶이었다. 만일 자신의 처지가 개선되고 사회적 신분이 상승할 경우 그것을 특별히 주어진 행운의 사건이라고 여겼다. 그리고 그렇지 않을 경우에는 스스로 어떤 희생을 치렀는지 잘 알고 있듯이 그것을 엄청난 노력의 대가라고 여겼다. 그 어떤 경우에도 삶과 세계의 일반적인 속성과는 상관없는 하나의 예외, 곧 매우 특별한 원인에서 비롯하는 예외로 치부되었다.

그러나 새로운 대중은 어떤 특별한 원인에 의한 것이 아닌, 이미 주어진 생득적인 상태로 삶의 완전한 자유를 누린다. 한계를 인식하도록 만드는, 따라서 매순간 다른 권위, 특히 상위 권위에 대해 신경을 쓰게 만드는 것은 아무 것도 없다. 중국의 농부는 얼마 전까지만 해도 삶의 행복이 황제 개인의 덕에 달려 있다고 믿고 있었다. 따라서 그의 삶은 언제나 그가 의존하고 있는 최고 권위와 관련이 있었다. 그러나 지금 우리가 분석의 대상으로 삼고 있는 인간은 본래부터 자신 이외의 어떤 권위에도 호소하지 않는다. 그는 있는 모습 그대로 만족한다. 천진난만하게도 쓸데없는 욕심을 내지 않고 의견과 욕구, 기호나 취미 등 자신 안에 있는 것은 무엇이든 지극히 자연스런 것처럼 좋게 생각하는 경향을 지니고 있다. 앞서 살펴본 것처럼, 그가 매우 부족한 이류 인간이며 삶에 풍요로움과 만족감을 제공해줄 조직을 만들어낼 수도 없고 유지해나갈 수도 없는 인간이라는 사실을 아무도 그리고 아무 것도 깨닫게 해주지 않는다면 왜 그렇지 않겠는가?

대중은 상황이 억지로 강제하지 않는 한 자신 이외의 어느 누구에게도 결코 의존하지 않을 것이다. 지금은 강제하는 상황이 아니기 때문에 영원한 대중은 기질상 의존하기를 포기하고 스스로 자기 삶의 주인이라고 생각한다. 그에 반해 선택된 인간 혹은 우수한 인간은 그보다 훨씬 높이 있는, 그보다 우월한 어떤 규범에 직접 호소하려 하고 그것에 기꺼이 봉사하려고 한다. 우리가 처음에 우수한 인간과 평범한 인간을 구별해야 한다고 한 점을 명심하기 바란다. 우수한 인간은 자신에게 많은 것을 요구하는 데 반해, 평범한 인간은 뭔가를 요구하는 것이 아니라 있는 것을 기뻐하고 자신에게 만족한다.[18] 일반적인 생각과는 반대로 봉사의 삶을 사는 사람은 대중이 아니라 우수한 인간이다. 우수한 인간은 어떤 탁월한 것을 위해 자신의 삶을 바치지 않을 경우 그 삶은 무의미하다고 본다. 그는 봉사의 필요성을 압박이라고 생각하지 않는다. 때로 이런 필요성이 부족할 때 그는 불안감을 느끼며, 자기를 강제할 더욱 복잡하고 힘겨운 새 규범을 만들어낸다. 이것이 규율에 따라 사는 삶, 곧 고귀한 삶이다. 고귀함은 권리가 아니라 요구와 의무를 통해 드러난다. 곧 고귀한 의무(Noblesse oblige)이다. "제멋대로 사는 것은 평민의 삶이고 귀족은 질서와 법을 동경한다."(괴테) 귀족의 특권은 본래 양도나 은혜로 주어진 것이 아니라 획득된 것이다. 그리고 특권을 지닌 사람은 특권을 유지하는 데 필요하다면 그리고 누군가 그 특권을 문제시한다면 언제나 그것들을 다시 쟁취할 수 있는 능력을 갖추어야 한다.[19] 그러니까 개인의 권리나 특권은 수동적인

---

18 어떤 문제에 직면했을 때 자신의 머리 속에 떠오르는 생각에 만족해하는 사람이 바로 지적으로는 대중이다. 그에 반해 노력 없이 자신의 머리 속에 떠오르는 것을 경시하고 오로지 자신 위에 있는 것만을 인정하며 그에 도달하기 위해 새로운 발돋움을 시도하는 사람이 바로 우수한 사람이다.

소유물이나 단순한 향유물이 아니라 노력을 통해 도달해야 할 기준을 의미한다. 반면 공공의 권리는 '인간과 시민'의 권리와 마찬가지로 수동적인 재산이자 불로소득의 산물이며 운명이 가져다주는 관대한 선물이다. 그 운명은 누구에게나 존재하며, 숨을 쉬면서 정신이상을 피하는 일 말고는 그 어떤 노력에도 좌우되지 않는다. 따라서 나는 비개인적인 권리는 주어진 것이고 개인적인 권리는 노력을 통해 계속 유지해나가야 하는 것이라고 말하고 싶다.

'귀족'과 같은 영감이 넘치는 말이 일상용어에서 변질된 의미로 사용되고 있으니 분통이 터질 일이다. 많은 사람들이 세습적인 '혈통 귀족'을 얘기할 때 그것을 공공의 권리와 유사한 것으로, 활력이 없는 물건을 주고받는 정적이고 수동적인 성질로 바꾼다. 그러나 본래 의미, 곧 '귀족'이라는 말의 어원은 본질적으로 역동적인 것이다. 귀족이란 '잘 알려진 사람'을 가리키며, 무명의 대중보다 특출하기 때문에 알려지게 된 유명인, 즉 모든 사람에게 잘 알려진 사람을 뜻한다. 유명하게 만드는 것은 비범한 노력이다. 그러니까 고귀하다는 것은 용감하다거나 우수하다는 것과 같은 말이다. 자녀의 고귀함이나 명성은 순전히 은혜다. 자녀가 유명해지는 것은 아버

19 『척추 없는 스페인』(1922년), 156쪽 (『전집』 제3권, 115쪽 이하) 참조.

지가 그렇게 해주었기 때문이다. 그가 알려진 것은 반사를 통해서다. 실제로 세습 귀족은 간접적인 성격을 지니고 있으며, 거울에 비친 빛이고 생기가 없는 달의 고귀함이다. 그 안에 생생하고 진정한 역동적인 것이 남아 있다면, 그것은 선조가 이룩한 노력의 수준을 유지하도록 후손을 부추기는 격려뿐이다.

그러나 여기서 고귀한 의무라는 본래의 의미는 상실되었다. 고유의 귀족은 스스로 의무를 부여하지만, 세습 귀족은 상속을 통해 의무를 부여받는다. 어찌됐든 최초의 귀족으로부터 후속 귀족으로 고귀함이 넘어간다는 데는 일종의 모순이 있다. 중국인들은 더욱 논리적이어서 이 전달의 순서를 바꾼다. 아버지가 자녀를 귀족으로 만드는 것이 아니라, 자녀가 귀족의 작위를 취득하면서 조상들을 귀족의 대열에 서게 만든다. 자녀가 자신의 노력으로 비천한 가문을 명문으로 만드는 것이다. 귀족의 작위를 수여할 때 그 특권을 몇 대로 소급하느냐에 따라 등급이 매겨진다. 부친만을 귀족으로 삼는 자도 있고 자신의 명성을 5대나 10대 조부로 연장시키는 자도 있다. 조상들은 현재 귀족의 지위에 오른, 요컨대 그 지위를 과거로부터 물려받은 것이 아니라 현재 획득한 현존 인물을 통해 살아난다.[20]

'귀족'이란 용어는 로마제국 시대에 공식적인 용어로 등장한 것이 아니라, 몰락한 세습귀족에 대한 반대의 의미로 사용되었다.

나는 귀족이란 용어를 자기 자신을 극복하고 현존 상태에서 의무와 요청의 세계로 뛰어드는 용감한 삶과 동의어로 사용한다. 고귀한 삶은 통속적이거나 소극적인 삶과 대조를 이룬다. 소극적인 삶은 외부의 힘이 탈출을 강제하지 않는 한 정지 상태로 자기 자신을 격리시킨 채 언제까지나 그 속에 안주하려고 한다. 우리는 이런 식의 사람을 대중이라고 부른다. 무리가 많기 때문에 대중이 아니라 소극적이기 때문에 대중이다.

사람은 나이가 들어감에 따라 남성뿐만 아니라 여성도 대부분 외부의 필요에 의해 강제되지 않을 경우 노력하지 않는다는 것을 지겨울 정도로 느끼게 된다. 따라서 자발적으로 훌륭한 노력을 경주할 수 있는 우리가 알고 있는 소수의 사람들은 상대적으로 더욱 고립되어 마치 기념비 같은 존재가 된다. 이들은 선택된 사람, 고귀한 사람, 소극적이 아니라 적극적으로 사는 사람들이다. 이들에게는 산다는 것이 영원한 긴장의 연속이며 끊임없는 훈련이다. 훈련은 고행이다. 이들은 고행

20 앞서 '귀족'이란 용어를 세습을 배제한 본래의 의미로 사용하고자 했기 때문에 역사상 출몰한 '혈통 귀족'을 연구할 필요는 없다. 따라서 이 문제는 여기서 언급하지 않기로 한다.

자들인 것이다.[21]

이상은 본론에서 빗나간 것이긴 하지만 놀랄 필요는 없다. 어느 시대에나 대중은 존재하지만, 탁월한 자들을 대체하길 원하는 오늘날의 대중을 정의하기 위해서는 그 속에 섞여 있는 순수한 두 부류, 곧 진정으로 고상한 자나 용감한 자와 일반 대중을 대조해 봐야 한다.

이제 우리는 좀더 빠르게 나아갈 수 있다. 왜냐하면 이제 오늘날의 지배적인 인간 유형을 이해하는 열쇠 혹은 심리 방정식이라고 생각되는 것에 도달했기 때문이다. 다음에 얘기할 내용은 모두 기본 구조에서 나온 결론이나 추론이며, 그 기본 구조는 다음과 같이 요약할 수 있다. 19세기 세계는 새로운 인간을 자동 생산해내면서 그 속에 가공할 만한 욕구와 그 욕구를 만족시키기 위한 경제적·육체적(앞선 모든 시대보다도 우수한 위생과 평균건강), 시민적·기술적(과거에는 언제나 결여된, 오늘날의 평균인이 갖고 있는 방대한 양의 지식과 실용적 효율성)인 모든 차원의 강력한 수단들을 불어넣었다. 19세기는 새로운 인간 속에 이 모든 힘을 불어넣은 뒤 그냥 내버려두었다. 그러자 평균인은 본래의 습성을 따라 자기 세계 속으로 들어가 문을 닫아버렸다. 그 결과 우리가 목격하는 대중은

21 「스포츠를 통해서 본 국가의 기원」, 『관객』(『전집』 제2권 7장) 참조.

그 어느 시대보다도 강력한 대중이긴 하지만, 전통적인 대중과는 달리 자기 자신 속에 틀어박혀 자족한 채 아무 일에도 그 누구에게도 관심을 기울이지 않는다. 한마디로 고집불통의 대중이다.[22] 만사가 지금처럼 전개된다면 대중이 어떤 차원의 지배에도 자신을 내맡기지 않는 현상이 유럽 전체에, 나아가 이를 반영하여 전세계에 날이 갈수록 뚜렷하게 나타날 것이다. 유럽 대륙이 어려움에 처한 시기에는 대중이 갑작스런 고통 때문에 특별히 절박한 문제에 대해서만은 잠시라도 탁월한 소수의 지배를 받아들이는 선의를 가질지도 모른다.

그러나 이 선의마저 실패할 수도 있다. 그 이유는 마음의 근본 구조가 폐쇄성과 고집불통으로 이루어져 있기 때문이고, 사물이든 사람이든 자신과 거리가 먼 것에 대해 관심을 기울이는 기능이 천성적으로 결여되어 있기 때문이다. 누군가를 추종하고 싶어도 그럴 수 없으며, 누군가의 말을 듣고 싶어도 자신이 귀머거리임을 발견한다.

다른 한편, 오늘날 평균인의 생활수준이 다른 시대에 비해 높아졌다고 해서 문명화 과정을 스스로 제어할 수 있으리라고 생각하는 것은 착각이다. 여기서 내가 말하는 것은 과정이지 진보가 아니다. 현대 문명을 유지하는 단순한 과정만 해도

---

22 대중, 특히 스페인 사람들의 고집불통에 대해서는 『척추 없는 스페인』(1922)에서 언급한 바 있다.(『전집』 제3권 103쪽 참조)

고도로 복잡한 것이어서 무한한 정밀성을 요구한다. 따라서 다양한 문명 기제의 조작법을 배웠을지라도 문명의 원리 자체를 근본적으로 무시하는 평균인이 이 과정을 다스린다는 것은 부적합하다.

인내심을 갖고 여기까지 읽어준 독자에게 거듭 말하지만, 앞서 기술한 모든 내용을 정치적인 의미로 파악하지 않는 것이 중요하다. 정치 활동은 사회생활 중에서 가장 효율적이고 가장 두드러진 것이지만, 보다 내면적이고 감지되지 않는 다른 활동들의 최종적인 결과일 뿐이다. 따라서 정치적 고집은 보다 깊고 중대한 지적·도덕적 고집에서 나온 것이 아니라면 별로 심각한 것이 아니다. 그러므로 이런 문제를 분석하지 않는 한, 이 글의 논지는 명료하게 드러나지 않을 것이다.

8장 대중은 왜 모든 일에 폭력적으로 개입하는가

이제까지 우리는 사실상 지극히 자연스러운 것이지만 극도로 역설적인 것처럼 보이는 현상에 관해 논의해왔다. 그것은 세계와 삶이 평균인에게 폭넓게 열렸음에도 불구하고 그의 마음은 닫혀 있다는 것이다. 여하튼 내가 주장하는 바는, 대중의 반란이 평균인들의 이런 폐쇄성에서 기인하며, 오늘날 인류가 당면한 거대한 문제는 대중의 반란에서 비롯한다고 것이다.

많은 독자들이 나와 동일하게 생각하지 않는다는 것을 잘 알고 있다. 이것 또한 지극히 자연스런 일이고 내 논지를 뒷받침해주는 것이기도 하다. 왜냐하면 설령 내 의견이 결정적으로 잘못되었다고 할지라도 나와 견해를 달리하는 독자들

대부분이 이토록 복잡한 문제를 5분도 생각해본 적이 없다는 사실은 여전히 남기 때문이다. 그들이 어떻게 나와 동일한 생각을 할 수 있겠는가? 사전에 이 문제에 관해 의견을 만들어 내려는 노력을 전혀 하지 않은 채 의견을 가질 권리가 있다고 생각함으로써 그들은 내가 '반역하는 대중'이라고 부르는 불합리한 인간 유형에 속한다는 것을 몸소 드러낸다. 바로 마음을 폐쇄하고 밀봉한 것이다. 이것을 지적인 폐쇄주의라고 불러도 좋을 것이다. 인간은 내면에 관념의 창고를 갖고 있다. 그리고 그 관념들에 만족하면서 자신이 지적으로 완벽하다고 생각한다. 자신의 외부로 아무 것도 내던지지 않은 채 이 관념의 창고에 최종적으로 안주한다. 바로 여기에 자기 폐쇄의 메커니즘이 존재한다.

대중은 자신이 완벽하다고 생각한다. 선택된 인간의 경우 자신이 완벽하다고 생각하기 위해서는 특별한 허영심이 필요하다. 자신이 완벽하다고 생각하는 것은 체질적으로 그와 맞지 않으며 솔직한 것도 아니다. 그것은 허영심에서 나온 것이고, 허구적이며 환상적이고 미심쩍은 것이다. 허영심이 강한 사람은 타인을 필요로 하며 타인 속에서 자신이 바라는 자기 관념을 확증 받고자 한다. 그래서 고귀한 인간은 이런 병적인 상태나 허영으로 눈이 먼 상태에서도 자기 자신이 진실로 완벽하다고 생각하지는 않는다. 반면에 새로운 아담인 우리 시대의 보통사람은 자기 자신의 완벽성을 의심하지 않는다. 자기 확신은 마치 아담의 낙원과도 같다. 선천적인 마음의 폐쇄주의가 불완전함을 발견하기 위한 전제조건인 타인들과의 비교를 가로막는다. 비교란 잠시 자기 자신을 떠나 이웃 사람에게로 이동하는 것이다. 하지만 보통사람은 최고의 스포츠인 이런 이동을 할 수 없다.

따라서 우리는 바보와 천재 사이에 존재하는 차이와 동일한 것을 발견한다. 천재는 자신과 바보의 차이가 언제나 종이한 장에 불과하다는 것에 놀란다. 그래서 눈앞에 닥친 어리석음을 피하기 위해 노력하며 이런 노력 속에서 지성이 존재한다. 반면에 바보는 자기 자신을 의심하지 않는다. 자신의 분별력이 뛰어난 것처럼 생각한다. 그래서 자신의 어리석음 속에 부러울 만큼 평온하게 안주한다. 마치 서식하는 구멍에서 곤충을 끌어낼 방법이 없는 것처럼, 바보를 어리석음에서 끌어내어 잠시나마 암흑세계를 벗어나게 하고 습관에 젖어 있는 멍청한 시각을 보다 날카로운 다른 시각과 견주어보게 할 방법은 없다. 바보는 평생 바보고 빠져나올 구멍도 없다. 그래서 아나톨 프랑스(Anatole France)는 어리석은 자가 사악한 자보다 훨씬 더 나쁘다고 말했다. 사악한 자는 이따금 쉴 때가 있지만 어리석은 자는 전혀 그렇지 않기 때문이다.[23]

대중이 어리석다고 말하는 것은 아니다. 그와 반대로 현대

의 대중은 매우 영리하며 다른 어떤 시대의 대중보다 더 많은
지적 능력을 갖고 있다. 하지만 그런 능력이 그에게는 아무
쓸모가 없다. 지적 능력을 소유하고 있다는 막연한 생각이 스
스로를 폐쇄시켜서 그것을 사용하지 못하게 할 뿐이다. 대중
은 항상 자신의 머리 속에 가득 쌓인 상투어와 편견, 지엽적
인 생각이나 실속 없는 말을 소중히 간직하고 그것들을 천진
난만하다고 밖에 볼 수 없을 정도로 대담하게 아무데나 들이
댄다. 이것이 바로 내가 1장에서 우리 시대의 특징으로 열거
한 것이다. 그 특징은 대중이 자신을 평범하지 않고 탁월하다
고 생각한다는 게 아니라, 평범함의 권리 혹은 권리로서의 평
범함을 선언하고 강요한다는 것이다.

　오늘날 지적인 평범함이 사회생활에 미치는 위력은 아마
도 과거의 어떤 것에도 견줄 수 없는 가장 새로운 요소일 것
이다. 적어도 지금까지의 유럽 역사에서 일반대중이 매사에
어떤 '견해'를 자신이 갖고 있다고 생각한 적은 한번도 없었
다. 신앙과 전통, 경험, 격언, 그리고 습관적인 생각은 갖고
있었을지 모르지만, 사물이 무엇이며 어떠해야 하는지에 대
한, 이를테면 정치나 문학에 대한 이론적인 견해를 자신이 갖

---

23 나는 몇 차례나 다음과 같이 자문해봤다. 많은 사람들에게 인생의
　가장 큰 고통 중의 하나는 틀림없이 이웃사람의 어리석음과 부딪
　치거나 충돌하는 일이다. 그럼에도 불구하고 이런 문제, 곧 '어리
　석음'에 관한 연구는 왜 지금까지 한번도 시도된 적이 없을까?

고 있다고 생각하지는 못했다. 정치인의 계획과 활동에 대한 잘잘못을 고려하여 지지를 보내거나 반대를 표시하기도 했지만, 그것은 다른 사람들의 창조적 활동에 대해 찬성 여부를 표시한 것에 불과하다. 자신의 생각으로 정치인의 '견해'에 이의를 제기한다든지 자신이 갖고 있는 다른 '견해'에 입각해서 정치인의 '견해'를 판단해본다든지 하는 일은 결코 없었다. 이것은 예술과 그 밖의 사회생활에서도 마찬가지였다. 자신에게 이론을 주장할 자질이 없다는 선천적인 한계 의식이 그것을 원천봉쇄했다.[24] 그 결과 이론적인 성격이 주종을 이루는 사회 활동에 대해서는 아예 어떤 결정을 내릴 엄두를 내지 못했다.

그에 반해 오늘날의 평균인은 세상에서 일어나는 그리고 일어날 모든 일에 대해 매우 분명한 '견해'를 갖고 있다. 그래서 경청하는 습관을 잃어버렸다. 필요한 모든 것에 관해 자신의 견해를 이미 갖고 있는데 들을 필요가 있겠는가? 이제는 들을 때가 아니라 판단하고 판결하며 결정할 때이다. 눈이 멀고 귀가 멀었음에도 불구하고 모든 사회생활에 자신의 '의견'을 내세우고 간여한다.

그러나 이것은 장점이 아닌가? 대중이 '견해'를 갖고 있다

---

24 문제를 감추려 해서는 안 된다. 견해를 갖는다는 것은 모두 이론을 주장하는 것이다.

는 것, 다시 말해 교양이 있다는 것은 거대한 진보를 뜻하는 것이 아닌가? 그렇지가 않다. 평균인이 갖고 있는 '견해'는 진정한 것이 아니며 교양도 마찬가지다. 견해는 진리를 위협할 수도 있다. 견해를 갖고 싶어 하는 자는 먼저 진리를 구하고 진리가 요구하는 놀이 규칙을 수락할 태세를 갖춰야 한다. 그것을 규제하는 권위와 토론의 기준이 되는 일련의 규칙이 인정되지 않는 곳에서는 의견이나 견해를 운운할 필요가 없다. 그런 규칙들이 교양의 원칙이 다. 그것이 무엇인지를 따지는 것에는 관심이 없다. 다만 내가 말하는 바는, 우리의 이웃들이 기준으로 삼을 규칙이 없는 곳에는 교양이 없다는 것이다. 기준으로 삼을 시민의 합법적인 원칙이 없는 곳에는 교양이 존재하지 않는다. 토론하면서 상대방의 최종 입장을 존중해주지 않는 곳에는 교양이 존재하지 않는다.25 경제관계를 보호해줄 거래 규칙이 없는 곳에는 교양이 존재하지 않는다. 미학 논쟁이 예술 작품을 변호할 필요성을 인정해주지 않는 곳에는 교양이 존재하지 않는다.

이 모든 것들이 결여되어 있을 때에는 교양이 존재하지 않고 가장 엄밀한 의미의 야만성만이 존재한다. 그런데 이것이

---

25 우리와 토론을 하는 어떤 사람이 진리에 도달하는 데 무관심하다든지 진리를 추구할 생각이 없다면 그는 지적으로 야만인이다. 실제로 이것이 발언하거나 강연하고 글을 쓰는 대중의 입장이다.

대중의 반역이 진행되는 유럽에 나타나기 시작한 것이다. 우리는 환상에 빠져서는 안 된다. 야만국에 도착한 여행자는 그 영토에 호소할 원칙이 존재하지 않는다는 것을 깨닫는다. 야만적인 규칙이란 본래 존재하지 않는다. 야만이란 규칙이나 호소할 수단이 없는 상태인 것이다.

교양의 많고 적음은 규칙이 얼마나 정밀한가에 따라 측정된다. 교양이 적은 곳에서는 규칙이 삶을 개략적으로밖에 규제하지 않으며 교양이 많은 곳에서는 그것이 모든 활동의 세부에까지 침투해 들어간다. 스페인의 지적 교양의 결핍, 곧 지성 개발이나 지성 연마의 결핍은 지식의 많고 적음에서 나타나는 게 아니라, 말을 하고 글을 쓰는 사람들이 흔히 보여주는 습관적인 진리 판단에 대한 우유부단과 주의 부족에서 나타난다. 따라서 진리는 우리 수중에 있는 것이 아니므로 그것을 정확히 알아 맞추느냐의 여부가 중요한 것이 아니라, 세심한 주의를 기울이지 않아 그것을 알아 맞추는 데 필요한 기본 요건을 갖추지 못하는 것이 문제다. 우리는 마치 마니교도가 무엇을 생각하고 있는지 조사해보지도 않고서 의기양양하게 독설을 퍼붓는 시골마을의 신부와 동일하다.

벌써 수년 전부터 유럽에 '기이한 일'이 일어나기 시작했다는 것은 삼척동자도 다 아는 사실이다. 구체적인 예로 생디칼리즘과 파시즘 같은 정치운동을 들 수 있다. 그것들이 다만 새롭다고 해서 기이하다고 판단해서는 안 된다. 유럽인은 혁신에 대한 열정을 타고났기에 이제까지 알려진 것 가운데 가장 파란만장한 역사를 만들어냈다. 새로운 사실들이 기이한 것은 새롭기 때문이 아니라 기상천외한 모양을 지니고 있기 때문이다. 생디칼리즘과 파시즘이 전개되면서 유럽에서는 처음으로 근거를 제시하거나 마련하려 하지 않고 다만 자신의 견해를 강요하는 태도를 취하는 유형의 인간이 출현했다. 여기에 새로움이 존재한다. 그것은 근거를 갖지 않을 권리, 곧 무(無)근거의 근거다. 나는 여기서 능력도 없으면서 사회를 지배하겠다는 결의를 보이는 매우 분명한 대중의 새로운 존재 방식을 발견한다. 새로운 정신 구조가 가장 생생하고 뚜렷한 형태로 나타나는 곳은 대중의 정치 행동이지만 그 핵심은 지성의 폐쇄성에 놓여 있다. 평균인은 자신의 머리에서 '견해'를 찾아내기는 하지만 견해를 만들어내지는 못한다. 견해에 생명을 불어넣는 매우 세밀한 요소가 무엇인지에 대해서는 관심이 없다. 그는 견해를 밝히고 싶어 하면서도 모든 견해의 기초가 되는 조건과 전제를 받아들이려고 하지 않는다. 따라서 그의 견해는 사실 연애시곡(戀愛詩曲)처럼 언어의 유희에 불과하다.

견해를 갖는다는 것은 그에 대한 근거를 갖는다는 말이고, 개념적인 진리의 세계인 이성이 존재한다고 보는 것이다. 견해를 표명하고 의견을 제시하는 것은 이성의 권위에 호소하고 그에 복종하는 것, 이성의 법전과 판결을 받아들이는 것과 동일하며, 따라서 견해의 근거를 주고받는 대화가 최상의 교류 형태라고 보는 것과 마찬가지다. 그러나 대중은 토론을 할 때면 어찌할 바를 모르고 자신의 외부에 존재하는 최고 권위를 본능적으로 거부한다. 따라서 유럽에 나타난 '새로운' 현상은 '토론의 중지'이다. 대화나 학문에서 의회에 이르기까지 객관적인 규칙을 존중하는 모든 형태의 상호 교류를 싫어한다. 이는 규칙에 따른 공존인 교양의 공존을 거부하고 야만적 공존으로 후퇴한 것을 의미한다. 정상적인 절차들을 모두 폐지하고 바라는 것을 직접 강요한다. 앞서 살펴봤듯이 대중으로 하여금 사회생활의 모든 면에 개입하도록 만든 마음의 폐쇄성이 이제는 직접행동이라는 단 하나의 개입 방식으로 대중을 이끌어간다.

언젠가 우리 시대의 기원을 복원한다면, 그 특유의 음악 첫 소절이 1900년경에 '직접행동'이라는 방법과 단어를 발명해낸 프랑스의 생디칼리스트와 리얼리스트 집단들 사이에서 울려 퍼졌다는 사실을 발견할 것이다. 인간은 언제나 폭력에 호소해왔다. 한때는 이런 호소를 단순한 범죄로 다루기도 했지만, 우리는 그런 경우에는 별로 관심이 없다. 때때로 폭력은 자신의 이성과 정의를 옹호하기 위해 사전에 모든 수단을

다 강구해본 사람이 마지막으로 호소하는 방법이었다. 인간의 상황이 가끔 이런 형태의 폭력으로 흐르는 것은 개탄할 일이지만, 그렇다고 해도 그것이 이성과 정의에 대해 최대의 경의를 표하는 것임을 부인할 수는 없다. 왜냐하면 그런 폭력은 격앙된 이성과 다르지 않기 때문이다. 힘은 실제로 최후의 이성이었다. 이 표현은 어리석게도 조롱의 의미로 이해되어왔지만, 힘이 사전에 이성적 규칙에 경의를 표하는 것을 매우 잘 드러낸다. 문명이란 힘을 최후의 이성으로 환원시키려는 시도와 다르지 않다. 이제 우리는 이것을 매우 명백하게 볼 수 있다. '직접행동'이 순서를 바꿔서 폭력을 제일의 이성으로, 엄밀히 말하면 유일한 이성으로 선언하고 있기 때문이다. 그것은 모든 규범의 폐기를 제안하고, 목표와 그 달성 사이의 모든 과정을 폐지하는 규범이다. 그것은 야만인의 대헌장이다.

대중이 이런저런 이유로 사회생활에 개입했을 때는 언제나 '직접행동'의 형태로 그렇게 했음을 기억하는 것이 좋다. 그것은 언제나 대중의 자연스런 행동 양식이었다. 사회생활에 대한 대중의 직접적인 간섭이 간헐적이고 우연한 것에서 정상적인 현상으로 바뀐 지금, '직접행동'이 공식 승인된 규범처럼 보인다는 자명한 사실은 이 글의 논지를 여실히 입증해준다.

인간의 모든 공동생활은 간접적인 권위가 폐지된 새로운

체제 속으로 점차 휘말려 들어가고 있다. 사회관계에서 예의범절이 사라지고, 문학에 무례한 언사가 등장하고, 성관계의 복잡한 절차가 생략된다.

절차, 규칙, 예의, 간접적인 방법, 정의, 이성! 이 모든 것이 왜 발명되었고, 이 복잡한 것이 왜 창조되었는가? 이 모든 것은 '문명'이란 말로 요약되며, 문명의 기원은 시민을 뜻하는 키비스(civis)라는 개념에서 드러난다. 이 모든 것이 도시와 공동체, 공동생활을 가능하게 해준다. 따라서 방금 열거한 문명의 구성물들을 각각 살펴보면 한 가지 공통분모를 발견할 수 있다. 그 모든 것은 사실 타인을 고려하려는 기본적인 욕망을 전제한 것이다. 문명은 무엇보다도 공동생활을 향한 의지이다. 인간은 타인을 고려하지 않으면 않을수록 교양 없는 야만인이 된다. 야만은 해체를 지향한다. 그래서 야만 시대는 모두 뿔뿔이 흩어져 작은 집단끼리 서로 적대시하던 시대였다.

정치적으로 공존의 의지가 가장 강하게 표현된 형태는 자유민주주의이다. 자유민주주의는 이웃을 고려하고자 하는 결의를 극대화시킨 것이며 '간접행동'의 원형이다. 자유주의는 정치적 권리의 원리다. 이 원리에 따르면, 공적 권위는 다수와 다르게 생각하고 느끼는 사람들도 살아갈 수 있도록 하기 위해 자신의 전능한 권력을 제한하거나 심지어 희생을 감수하면서도 자신이 통치하는 국가 속에 다른 가능성을 남겨두려고 한다. 오늘날 자유주의가 최상의 관대한 제도라는 사실을 기억하는 것이 중요하다. 그것은 다수가 소수에게 권리를 부여해주는 것이며, 따라서 지상에 울려 퍼진 가장 고귀한 외침이다. 그것은 강한 적뿐만 아니라 심지어 약한 적과도 공존하겠다는 결의를 선언한다. 인간이 이처럼 아름답고 역설적이며, 이처럼 우아하고 아슬아슬하며, 이처럼 반자연적인 것에 도달하다니 믿어지지 않는 일이다. 그래서 그와 동일한 인간이 별안간 그것을 폐지하겠다고 결정한다 해도 놀랄 일은 아니다. 이 지상에 수립하기에는 그것은 너무 난해하고 복잡한 과제다.

적과의 공존! 반대세력과의 협력 통치! 이런 부드러움을 이제 이해하지 못하는 것은 아닐까? 반대세력이 공존하는 국가가 계속 감소하고 있다는 사실만큼 오늘날의 특징을 잘 드러내주는 것도 없다. 거의 모든 국가에서 하나의 동질적인 대중이 공적 권위를 제압한 다음, 반대집단을 모두 진압하고 전멸시키고 있다. 밀집한 군중의 모습을 보고 누가 이렇게 말하겠는가마는, 대중은 자신에게 속하지 않는 자들과의 공존을 원하지 않는다. 대중은 자신이 아닌 모든 것을 필사적으로 싫어한다.

9장 원시성과 기술

이 장의 목적은 우리가 분석하는 현재의 상황이 본질적으로 모호하다는 것을 상기시키려는 데 있다. 그래서 애초에 오늘날의 모든 현상들, 특히 대중의 반역에 양면성이 있다고 지적했던 것이다. 어떤 현상이든 유리하게도 불리하게도 볼 수 있는 이중의 해석이 가능할 뿐만 아니라 그런 해석을 요구한다. 또한 이런 모호성은 우리의 판단이 아니라 현실 자체에 내재한다. 오늘날의 상황은 보기에 따라 선하기도 하고 악하기도 한 것이 아니라, 그 자체로 승리와 죽음의 양면적 가능성을 내포하고 있다.

역사철학 전반에 대한 설명으로 이 글을 무겁게 할 생각은 없다. 하지만 다른 곳에서 설명하거나 언급한 철학적 신념의 토대 위에서 이 글을 전개하고 있는 것은 사실이다. 나는 절대적인 역사결정론을 신봉하지 않는다. 오히려 모든 삶이, 따라서 역사적 삶까지도 순수한 순간들로 구성되며, 각각의 순간은 이전의 순간과 무관하다고 생각한다. 매순간마다 현실은 제자리걸음을 하면서 다양한 가능성을 앞에 두고 어떤 것을 선택할지 망설인다. 이 형이상학적인 망설임이 모든 삶에 분명한 전율을 부여한다.

대중의 반역은 사실 전례 없이 새로운 인류 조직을 위한 중간 단계일 수도 있지만 동시에 인류의 종말을 불러올 파국이 될 수도 있다. 현실의 진보를 부정할 이유는 없지만, 이 진보가 확고하다는 관념은 수정할 필요가 있다. 어떤 진화나 어떤 확고한 진보에도 퇴화나 퇴보의 위협은 존재한다는 생각이 사실과 더 부합한다. 역사에는 무한한 승리의 진보와 주기적인 퇴보 모두가 가능하다. 왜냐하면 개체의 삶이든 집단의 삶이든, 개인적인 삶이든 역사적인 삶이든, 삶이란 위험을 본질로 하는 우주 내의 유일한 실체이기 때문이다. 삶은 부침의 연속이고 엄밀히 말하면 드라마이다.[26]

26 말할 필요도 없이 이 표현을 진지하게 받아들일 사람은 거의 없을 것이다. 가장 호의적인 사람일지라도 이것을 단순한, 아마도 감동적인 비유로 이해할 것이다. 삶이 무엇인지 혹은 적어도 삶이 아닌 것은 무엇인지를 확실하게 알고 있다고 생각하지 않을 솔직한 독자만이 이 문장의 진정한 의미를 파악할 것이고, 진실이라고 하든 허위라고 하든 이 문장을 제대로 이해할 것이다. 그 밖의 사람들은 한 가지 차이를 제외하고는 뜨거운 만장일치를 보일 것이다.

이것은 일반적인 진리이지만, 지금과 같은 '위기의 시기'에는 더욱 강렬한 양상을 띤다. 오늘날의 대중 지배에서 나타나는, 우리가 '직접행동'이란 이름으로 묶은 새로운 행동의 징후들이 미래의 완성을 예고해줄 수도 있다. 옛 문화는 모두 노쇠한 조직과 적지 않은 양의 생을 저해하는 유독한 각질(角質)을 포함하고 있다. 그 속에는 생명력을 잃은 제도와 의미를 상실한 가치와 체면, 지나칠 정도로 복잡한 해결책, 현실성을 잃어버린 규범이 들어 있다. 이런 간접행동과 문명의 구성물들은 모두 단순화의 시대를 요구한다. 낭만주의 시대의 긴 모자와 예복에 대해서는 오늘날 평상복과 간편한 차림이 복수를 하고 있다. 여기서 단순화란 청결함에서 오는 더 좋은 만족을 의미한다. 이는 적은 수단으로 많은 것을 얻을 수 있다는 점에서 보다 좋은 해결책이다. 낭만적인 사랑의 나무도, 가지에 달린 무수한 위선의 꽃들이 지고 햇볕을 가로막는 광란에 가까운 넝쿨과 꼬임, 얽힘이 사라지도록 가지치기를 해줄 필요가 있다.

일부는 삶이란 진실로 영혼의 실존 과정이라고 생각하고, 다른 일부는 삶이 화학적 반응의 연속이라고 볼 것이다. 이렇게 폐쇄적인 독자들 앞에서, 삶의 일차적이고 근본적인 의미는 그것을 생물학이 아니라 전기(傳記)의 의미로 사용할 때 드러난다고 말한다고 해서 내 입장이 나아질 것 같지도 않다. 모든 생물학은 결국 전기의 한 장(章)에 불과하기 때문에, 생물학자들이 일생 동안 하는 일이 바로 전기를 구성한다. 다른 것은 추상이고 환상이며 신화다.

일반적으로 말해서 사회생활, 특히 정치생활은 시급히 현실로 돌아가야 한다. 유럽인이 먼저 옷을 벗고 자신의 적나라한 본성과 진정한 자아로 되돌아가지 않는다면, 낙관론자가 요구하는 전환은 불가능할 것이다. 벌거숭이가 되어 진정한 자아로 돌아가기 위해 몸부림치며 느끼는 열정, 희망 찬 미래의 길을 열어나가는 데 필수불가결한 신념이 있다면, 과거 전체에 대해 사유의 완전한 자유를 회복할 수 있다. 과거를 지배해야 하는 것은 바로 미래이며, 미래가 우리에게 과거에 대한 태도를 정해준다.[27]

그러나 19세기를 이끈 지도자들이 범한 최대의 잘못은 피해야 한다. 그것은 긴장을 늦추고 경계 태세를 방치한 책임의식의 결여다. 시류에 영합한 나머지 평화의 전성기에도 존재하는 위험과 좋지 않은 낌새를 눈치 채지 못한다면 책임자의 사명을 져버리는 것이다. 오늘날에는 책임을 느낄 수 있는 사람들에게 책임감을 일깨워주는 것이 필요하며, 현대의 여러

---

[27] 과거에 대한 이런 태도의 자유는 성마른 반역이 아니라 오히려 모든 '비판의 시대'에 요구되는 명백한 의무다. 내가 가차 없이 공격하는 대중에 맞서 19세기 자유주의를 옹호한다고 해서, 그 자유주의의 이름으로 나의 완전한 의견의 자유를 포기한다는 것을 의미하지는 않는다. 그와 반대로, 이 글에서 최악의 모습으로 등장하는 원시주의는 어떤 의미에서 모든 역사적 대도약의 조건이다. 이 문제에 대해서는 몇 년 전에 『관객』 제3권 『야만주의의 역설』에 실린 「생물학과 교육」이란 글에서 얘기한 바 있다(『전집』 제2권).

징후들이 안고 있는 불길한 측면들을 강조하는 것이 무엇보다 시급하다.

의심할 바 없이 우리의 공적 삶의 균형을 깨뜨리는 불리한 요인들이 유리한 요인들을 훨씬 능가한다. 그 요인들이 현재에 관한 것이 아니라 미래를 예고하는 징조라는 것을 고려한다면 말이다.

우리의 삶은 구체적인 가능성의 증대를 경험해왔지만, 유럽의 운명에 등장한 가공할 문제에 직면하여 그 가능성마저 폐기될 위험에 처해 있다. 가공할 문제란 문명의 원리에 관심이 없는 사람들이 사회의 주도권을 장악했다는 것이다. 오늘날 우리가 판단컨대 그들은 이런저런 원리에 관심이 없는 것이 아니라 아예 아무 원리에도 관심이 없다. 물론 마취제와 자동차를 비롯한 몇 가지에 관심이 있긴 하다. 하지만 이는 문명에 대한 근본적인 무관심을 확인해주는 것일 뿐이다. 왜냐하면 그런 것들은 단지 문명의 산물일 뿐이기 때문이다. 거기에 열중하면 할수록, 그것을 낳은 문명의 원리에 대한 무감각은 더욱 두드러진다. 이 점을 입증하기 위해서는 다음의 사실을 지적하는 것으로 충분하다. 자연과학이 새로운 학문으로 등장한 르네상스 이후 그에 대한 열정은 시간이 흐름에 따라 더욱 가열되어왔다. 좀더 구체적으로 말해서, 순수한 자연과학 연구에 종사하는 사람들의 비율은 세대를 거듭하면서 증가했다. 그런데 최초로 상대적인 감소를 보이는 경우가 오늘날 20~30대 세대에서 나타났다. 순수과학의 실험실에서 학생들의 관심을 유도하는 일이 어려워지기 시작하고 있다. 이런 현상은 산업 발전이 최고 단계에 도달하고 과학이 만들어낸 장치와 의약품을 이용하려는 왕성한 욕구가 드러나는 시기에 발생하고 있다. 장황하지만 않다면, 정치와 예술, 도덕과 종교, 그리고 일상생활의 영역에서도 이와 비슷한 부조화 현상을 보여줄 수 있을 것이다.

이런 역설적인 상황은 무엇을 의미하는 것인가? 이 글이 그 답변을 모색하려는 시도이다. 그것이 의미하는 바는, 오늘날의 지배적인 인간이 문명 세계에 출현한 원시인, 곧 자연인(Naturmensch)이라는 것이다. 세계는 문명화되었지만 그 속에 사는 인간은 그렇지 못하다. 문명을 응시하지는 않고 그것이 마치 자연인 것처럼 취급한다. 새로운 인간은 자동차를 갖고 싶어 하고 즐겨 이용하지만, 그것이 에덴동산의 나무에서 저절로 열린 과일이라고 생각한다. 그는 문명이 거의 믿을 수 없을 만큼 인위적인 성격을 지니고 있음을 알지 못하며, 문명의 이기에 대한 애착을 그것을 가능케 한 원리로 확장시키지 않는다. 앞서 라테나우의 말을 인용하면서 우리가 '야만인들의 수직적 침입'을 목격하고 있다고 말했을 때, 그것이 단순한 '경구'에 불과하다고 생각했을지도 모르겠다. 하지만 그 표현이 적절한 것일 수도 있고 부적절한 것일 수도 있지만, 분명 '경구'와는 반대되는 것이다. 즉 그것은 복잡한 분석 전체를 잘 요약해주는 공식적인 정의이다. 현대의 대중은 사실 문명의 낡은 무대 속으로 슬쩍 미끄러져 들어온 원시인이다.

요즘 사람들은 언제나 기술의 놀라운 발전을 얘기하지만, 기술의 현실적인 장래성을 생각하면서 얘기하는 것은 아니다. 무척 편집광적이긴 하지만 매우 예민하고 심오한 슈펭글러도 이 점에 있어서는 너무 낙관적인 것처럼 보인다. 그는 '문화'의 시대를 따라 '문명'의 시대가 온다고 생각했다. 그는 여기서 문명을 주로 기술로 이해했다. '문화'와 역사 일반에 대한 슈펭글러의 생각은 이 글에서 제시하는 것과 너무 다르기 때문에, 여기서 그의 결론을 정정하는 일은 말할 것도 없고 그저 평가만 한다는 것도 쉬운 일이 아니다. 둘 사이의 공통분모를 찾기 위해 시시콜콜한 간격을 건너뛴다 해도 다음과 같은 차이점이 제기될 수 있다. 슈펭글러는 문화의 원리에 대한 관심이 사라질지라도 기술은 살아남는다고 생각한다. 나는 이런 생각을 받아들일 수 없다. 기술은 과학과 분리할 수 없는 한 몸이며, 과학 그 자체에 관심을 갖지 않는다면 과학은 존재하지 않는다. 사람들이 문화의 일반 원리에 계속 심취하지 않는다면, 과학에 대한 흥미도 사라질 것이다. 만일 지금 일어나고 있는 것처럼 그런 열정이 식는다면, 기술은 그것을 만들어낸 문화적 자극의 타성이 지속되는 순간만 살아남을 수 있을 뿐이다. 우리는 기술과 더불어 살지만 기술에 의해 사는 것은 아니다. 기술은 스스로 영양을 공급하지도 못하고 스스로 호흡하지도 못한다. 그것은 자기 원인(causae sui)이 아니라, 비실용적인 여분의 활동에서 나온 유용하고 실용적인 축적물이다.[28]

내가 일러두고 싶은 것은 오늘날의 기술에 대한 관심이 기술의 진보도 그 존속도 보장해주지 않는다는 것이다. 기술은 '현대 문화', 곧 물질적 이익을 주는 과학을 포괄하는 문화의 주요 특징들 가운데 하나라고 이해해야 한다. 그래서 19세기 삶의 가장 새로운 특징을 자유민주주의와 기술 두 가지로 요약했던 것이다.[29] 그러나 거듭 말하지만, 기술에 관해 얘기할 때 그 핵심이 순수과학이라는 것, 그리고 기술을 지속시키는

---

28 따라서 미국을 '기술'로 정의하면서 뭔가를 말했다고 생각하는 사람은 아무 것도 말하지 않은 것이다. 유럽인의 의식을 매우 심각하게 교란시키는 것 가운데 하나가 미국에 대한 유치한 판단이다. 이런 판단은 교양이 깊은 사람들에게서도 들을 수 있다. 나중에 얘기하겠지만, 이것은 오늘날의 문제의 복잡성과 사고력간의 불균형을 보여주는 특수한 예이다.

29 엄밀하게 말해서 자유민주주의와 기술은 서로 매우 밀접하게 얽혀 있어서 어느 하나가 없다면 다른 것도 생각할 수 없다. 따라서 둘 다를 아우르는 좀더 포괄적인 제3의 명칭이 필요하다. 그것이 19세기에 대한 진정한 명칭이자 고유명사가 될 것이다.

조건이 순수과학을 가능케 하는 조건과 동일하다는 것을 망각하는 경솔함은 나를 놀라게 한다. 진정한 '과학자'를 계속 배출해내기 위해 정신적으로 무엇을 계속 추구해야 할지를 생각해본 적이 있는가? 제정신이라면 달러가 있으니 과학도 있을 것이라고 생각할 수 있겠는가? 많은 사람들에게 안도감을 주는 이런 생각이야말로 원시성을 입증하는 또 하나의 예일 뿐이다.

서로 전혀 다른 성분들은 따로따로 있다면 아무 소용이 없다! 물리-화학이라는 칵테일을 얻기 위해서는 한데 모아 흔들어줘야 한다. 이런 주제를 아주 조금만 살펴보더라도, 물리-화학이 성공적으로 확립된 것은 특히 19세기에 런던, 베를린, 빈, 파리를 잇는 작은 사변형 속에서였다는 것을 알 수 있다. 이는 실험과학이 가능성이 매우 희박한 역사적 산물들 가운데 하나임을 보여준다. 마술사와 사제, 전사와 목자는 언제 어디에나 많이 있었다. 하지만 이 실험가들의 무리가 등장하기 위해서는 전설상의 외뿔 짐승을 출현시킨 상황보다 더욱 예외적인 상황이 필요하다. 그것이 이렇듯 가능성이 희박한 가운데 이루어졌다는 것은 과학적 영감이 지닌 휘발성과 증발성에 대해 잠시 생각하지 않을 수 없게 만든다.[30] 유럽이

30 여기서 더 깊은 문제는 다루지 않겠다. 대부분의 과학자들조차도 오늘날 과학이 당면한 심각한 위험에 대해 전혀 의심하지 않고 있다.

사라지더라도 미국인이 과학을 계승할 수 있다고 생각하는 사람은 어딘가 이상한 사람이다.

이 문제를 깊이 파고들어 실험과학과 기술을 낳은 역사적 조건이 무엇인지를 정밀하게 분석하는 작업이 매우 중요하다. 그러나 문제가 명백히 밝혀졌다고 해서 대중이 그것을 이해하리라고 기대하지 말라. 대중은 이론에 주의를 기울이지 않는다. 그는 자신의 육체적 경험을 통해서 배울 뿐이다.

이런 설교는 추론에 근거한 것이라서 빈틈이 없겠지만, 이것이 효과가 있다고 착각하지 않게 하는 증거가 하나 있다. 오늘날의 상황에서 평균인이 순수학문과 그 동류인 생물학에 대해, 설교가 없다면 자발적인 최대의 열정을 느끼지 않는다는 것은 너무 부조리하지 않은가? 요즘 상황이 어떤지 생각해보자. 정치, 예술, 사회규범, 도덕 등 문화의 문제시되는 모든 측면들 중에서, 의심할 바 없이 대중에게 매일 놀라운 영향을 미치는 적절한 예가 하나 있다. 바로 경험과학이다. 매일 새로운 발명품이 나오고 평균인은 그것을 이용한다. 매일 새로운 진통제나 예방주사액이 나오고 평균인이 그 혜택을 본다. 만일 과학적 영감이 사라지지 않으면서 실험실을 3배나 10배로 늘린다면, 부와 편익, 건강과 복지도 그에 따라 자동적으로 늘어난다는 건 누구나 다 알고 있다. 삶의 원리에 대한 이보다 더 놀랍고 분명한 선전을 상상할 수 있을까? 그럼에도 불구하고 대중이 과학을 진흥하기 위해 돈과 관심을 쏟는 기미를 볼 수 없으니 어찌된 일인가? 그렇기는커녕 전후 세대는 과학자를 사회의 새로운 천민으로 전락시켰다. 내가 여기서 말하는 것은 물리학자, 화학자, 생물학자이지 철학자는 아니라는 사실을 염두에 두길 바란다. 철학은 대중의 보호도 관심도 동정도 필요로 하지 않는다. 철학은 전적으로 비실용적인 측면을 다룬다.[31] 그래서 평균인에 대한 일체의 종속에서 자유롭다. 철학은 스스로 문제의 본질을 알고 선한 신(神)의 새와 같은 자유로운 운명을 즐겁게 받아들인다. 그리고 아무에게도 자신을 맡기지 않고 자신을 천거하거나 변호하지도 않는다. 만일 누군가에게 좋은 도움을 주었다면 단순한 인간적 공감 때문에 기뻐한다. 철학자는 다른 사람의 이익을 위해 살지 않으며, 그것을 기대하지도 않고 바라지도 않는다. 철학이 자신의 실존에 질문을 던지는 데서 출발하고 자기 자신과 싸우며 자기 자신에 몰두한 채 살아가는 것이라면, 어떻게 그런 일에 진지한 관심을 기울여주기를 바라겠는가? 이것은 다른 차원의 문제이므로 철학은 잠시 제쳐두자.

그러나 실험과학은 대중을 필요로 한다. 물리-화학이 없다면 오늘날 지상에 존재하는 인구를 부양할 수 없기 때문에

---

31 아리스토텔레스, 『형이상학 *Metaphysics*』, 893a, 10.

대중도 실험과학을 필요로 한다.

　대중들이 타고 다니는 자동차나 고통을 기적처럼 가라앉혀 주는 진통제 주사로 얻을 수 없는 것을 어떤 이론이 가져다줄 수 있겠는가? 과학이 대중들에게 가져다주는 확실한 혜택과 그들이 보여주는 과학에 대한 관심간의 불균형은 너무 커서, 환상적인 기대에 빠질 수도 없고 그렇게 처신하는 사람들에게 야만 이상을 기대할 수도 없다. 앞으로 살펴보겠지만, 특히 이런 과학에 대한 무관심은 다른 어떤 부류보다도 의사와 기사 등의 기술자 대중에게서 더욱 명백히 나타난다. 이들은 과학이나 문명의 운명에 최소한의 연대도 보이지 않은 채 자동차를 이용한다거나 아스피린 통을 사는 것으로 만족하는 사람들과 본질적으로는 동일한 정신 상태로 자신의 직업을 수행한다.

　사람들 가운데는 태만해서가 아니라 적극적이고 행동적이기 때문에, 눈에 띄고 화려하게 보이는 야만스런 증상에 더욱 놀라는 이들도 있다. 내가 가장 놀라는 것은 평균인이 과학으로부터 받는 혜택과 그가 과학에 바치는(사실은 바치지 않는) 감사 사이의 불균형이란 증상이다.[32] 아프리카 오지의 흑인

---

32 이미 지적한 바와 같이, 정치와 법률, 예술, 도덕, 종교 등 모든 삶의 원리들이 사실상 위기에 처해 있고 적어도 일시적인 결함에 빠져 있다는 사실이 이런 폐해를 백배는 증가시킨다. 오직 과학만이 실패하지 않은 채 약속한 성장과 그 이상의 것을 매일 성취하고

들도 자동차를 타고 아스피린을 복용한다는 사실을 기억하는 것만으로도, 평균인에게 감사의 마음이 결여되어 있음을 알 수 있다. 문명을 지배하기 시작한 유럽인 — 이것은 나의 가설이다 — 은 자신이 만들어낸 복잡한 문명과 관련하여 원시인이자 별안간 등장한 야만인이며 '수직적 침입자'이다.

있으며, 따라서 그에 필적할만한 것이 없다. 평균인이 문화의 다른 측면에 몰두하고 있다고 해서 과학에 대한 무관심을 용서할 수는 없다.

10장 원시성과 역사

자연은 항상 그 자리에 있다. 자연은 자급자족한다. 자연 속에서나 밀림 속에서는 별다른 죄책감 없이 야만인으로 지낼 수 있다. 심지어 야만인이 아닌 인간들이 쳐들어올 위험만 없다면 영원히 그런 상태로 있겠다고 결의할 수도 있다. 원칙적으로는 영원히 원시적인 민족이 있을 수 있다. 그 민족은 실제로 존재한다. 그들은 부라이지히(Breyssig)가 '영원한 여명의 민족'이라 부르듯이, 한번도 한낮을 향해 나아가지 않고 여명에 붙들려 얼어버린 사람이다.

이런 일은 자연의 세계에서만 일어난다. 우리의 세계와 같은 문명의 세계에서는 일어나지 않는다. 문명은 언제나 그 자리에 있는 것이 아니며 스스로 생존하지도 않는다. 문명은 인위적이어서 예술가나 기술자를 필요로 한다. 만일 당신이 문명의 편리를 누리길 원하면서 그것을 유지하는 데 관심을 기울이지 않는다면, 진절머리가 나게 될 것이다. 순식간에 문명 없는 상태에 빠질 것이다. 잠시라도 방심한 채 한 눈을 팔면 모든 것이 증발해버린다. 마치 순수한 자연을 덮고 있던 장막을 걷어낸 것처럼 원시림이 본래의 모습으로 되살아난다. 밀림은 언제나 원시적이다. 그 반대도 마찬가지다. 원시적인 것은 모두 밀림이다.

모든 시대의 낭만주의자들은 반인반수의 생물이 하얀 살결의 여인을 짓누르는 폭행의 장면에 열광했다. 그리고 레다(Leda) 위에서 떨고 있는 백조, 파시파에(Pasiphae)와 함께 있는 황소, 염소 아래 누워 있는 안티오페(Antiope)를 그렸다. 이런 그림을 일반화하자면, 그들은 기하학 모양의 다듬어진 돌이 야생 식물의 틈바구니에서 질식당해버린 황폐한 풍경 속에서 아주 미묘한 음탕한 광경을 발견해왔다. 한 멋진 낭만주의자가 어떤 건물을 바라보면서 제일 먼저 찾는 것은 발코니나 지붕 위에 무성하게 난 '노란 야생겨자'다. 이는 모든 것이 대지이고 밀림은 어디서나 다시 시작된다는 것을 말해준다.

낭만주의자를 비웃는 것은 어리석은 일일 것이다. 그 또한 나름대로의 논리를 갖고 있다. 악의가 없는 퇴폐적인 이미지 속에 영원하고도 거대한 문제가 고동친다. 그것은 문명과 그 배후에 남아있는 자연과의 관계, 이성과 우주의 관계 문제다.

이 문제는 다른 기회에 다루고 싶고, 적당한 시기엔 나도 낭만주의자가 되고 싶다.

그러나 지금은 그와 반대의 입장에 있다. 밀림의 침입을 저지해야 한다. '선량한 유럽인'은 이제 오스트레일리아가 앓고 있는 심각한 골머리, 곧 선인장이 땅을 뒤덮고 사람들을 바다로 밀어내는 것을 저지하는 데 뛰어들어야 한다. 1840년대에 한 남유럽 이민자가 말라가인지 시칠리아인지 모르지만 고향의 풍경을 그리워하여 오스트레일리아에 보잘 것 없는 선인장 한 그루를 들여왔다. 그 결과 오늘날 오스트레일리아 예산 가운데 막대한 양이 대륙에 침입하여 매년 1킬로미터 이상을 잠식하고 있는 선인장과의 전쟁에 투여되고 있다.

대중은 자신이 그 안에서 태어나 활용하고 있는 문명이 자연처럼 자연발생적이고 원시적인 것이라고 생각한다. 그리고 바로 이런 사실 때문에 대중은 원시인으로 탈바꿈한다. 문명은 그에게 밀림과 같아 보인다. 이에 대해서는 앞서 언급한 바 있지만 좀더 정확한 설명을 덧붙일 필요가 있다.

오늘날의 평균인에게는 우리가 유지해야만 하는 문명 세계를 지탱하는 원리가 존재하지 않는다. 그는 문화의 기본 가치에 대한 관심도 연대의식도 없으며 문화를 위해 봉사할 생각도 없다. 어찌하여 이렇게 된 것일까? 여러 요인이 있겠지만 지금은 한 가지만 지적하고자 한다.

문명은 발전하면 할수록 더욱 복잡해지고 까다로워진다. 오늘날 문명이 제기하는 문제는 매우 복잡하게 얽혀 있다. 이 문제를 해결할만한 사람의 수는 날이 갈수록 줄어들고 있다. 전후 시대가 그에 대한 매우 분명한 예를 제공해준다. 지금 우리가 목격하고 있는 유럽의 재건은 너무나 복잡한 사안이어서 평범한 유럽인은 이처럼 민감한 일을 추진하기에 역부족임을 안다. 해결 수단이 부족한 것은 아니다. 두뇌가 부족한 것이다. 좀더 정확히 말해서 극히 소수의 두뇌가 있기는 하지만 중유럽의 대중이 이들을 어깨 위에 올려놓고 싶어 하지 않는다.

　　문제의 복잡 미묘함과 정신 상태간의 이런 불균형은, 대책을 강구하지 않으면 점점 심해지는 가장 기본적인 문명의 비극이다. 문명을 형성하는 원리가 너무 풍부하고 확실해서 생산물의 양과 정밀도가 늘어나 보통사람의 수용 능력을 넘어선다. 과거에는 이런 일이 일어난 적이 결코 없었다. 모든 문명이 멸망한 것은 그 원리가 불충분해서였다. 유럽 문명은 지금 그 반대의 이유로 멸망의 위협을 받고 있다. 그리스와 로마 문명의 경우, 실패한 것은 사람이 아니라 그 원리였다. 로마제국은 기술 부족으로 무너졌다. 인구가 증가하여 기술이 아니고서는 물질적인 긴급사태를 해결할 수 없는 지경에 이르자, 고대 세계는 퇴화와 퇴보를 거듭하다 소멸하기 시작했다.

하지만 오늘날 실패하고 있는 것은 사람이다. 인간이 자기 문명의 발전을 따라잡지 못하고 있다. 그래도 교양이 있다고 하는 사람들이 오늘날의 가장 근본적인 문제에 대해 이야기하는 것을 들어보면 소름이 끼친다. 그것은 마치 우락부락한 농부들이 투박하고 거친 손가락으로 책상 위에 떨어진 바늘을 집으려는 것과 같다. 이를테면 그들은 2백 년 전에 정밀도가 2백분의 1도 안 되는 상황에 사용한 둔중한 개념 도구로 정치·사회 문제를 다룬다.

발전된 문명은 해결하기 힘든 문제와 동일하다. 문명이 발전하면 할수록 위험은 더욱 커진다. 삶은 점점 좋아지지만 그만큼 더 복잡해진다. 물론 문제가 복잡해짐에 따라 그것을 해결할 수단도 정교해진다. 하지만 새로운 세대마다 그 진보하는 수단을 숙달해야 한다. 그 수단들 가운데에는, 자세히 살펴보면 문명의 진보와 긴밀히 연결되어 있는 것이 하나 있다. 그것은 문명의 배후를 열심히 배우고 많은 경험을 하는 것, 곧 역사를 배우는 것이다. 역사 지식은 낡은 문명을 유지·계승하기 위한 최상의 기술이다. 그것이 새로운 상황의 삶의 갈등에 적극적인 해결책을 주기 때문이 아니라 — 삶은 언제나 과거와는 다르다 — 다른 시대에 범한 순진한 과오를 되풀이하지 않게 해주기 때문이다. 만일 당신이 나이가 들어 삶은 힘들어지는데 과거의 기억을 상실해서 그 경험을 활용할 수 없다면 모든 것이 손해다. 나는 유럽이 이런 상황에 처해 있다고 생각한다. 오늘날 교양이 높은 사람들도 믿을 수 없을 만큼 역사에 무지하다. 나는 오늘날의 유럽 지도자가 18세기나 17세기의 지도자에 비해 역사를 훨씬 모른다고 감히 주장한다. 소수의 통치자들 — 넓은 의미의 통치자들 — 이 알고 있던 역사적 지식이 19세기의 엄청난 진보를 가능케 했다. 그들의 정치는 과거의 모든 정치가 범한 오류를 피하기 위해 18세기에 신중히 고려된 것이며, 그 오류들을 염두에 두고 수립된 것이다. 따라서 이 정치 속에는 아주 오랜 경험이 요약되어 있다. 그러나 19세기에는 전문가들이 역사학을 과학으로 크게 발전시켰음에도 불구하고 이미 '역사 문화'를 상실하기 시작했다.[33] 오늘날 우리를 짓누르는 19세기 특유의 오류들 대부분은 이처럼 역사 문화를 포기한 데서 비롯한다. 19세기의 마지막 3분의 1의 기간에, 표면에 드러나진 않았을지라도 야만 상태, 즉 과거가 없거나 과거를 망각한 인간의 순진성과 원시성을 향한 퇴화와 퇴보가 시작되었다.

유럽과 그 인접 지역에서 벌어지고 있는 볼셰비즘과 파시즘이라는 두 가지 '새로운' 정치적 시도는 실질적인 후퇴를 보여주는 명백한 사례다. 그것은 그들의 주장이 갖고 있는 궁

---

[33] 우리는 여기서 주어진 시대의 과학과 문화 사이의 차이를 엿볼 수 있다. 이 문제는 곧 살펴보겠다.

정적인 내용 때문이 아니다. 그 주장만을 떼어놓고 보면 일면의 진실이 있게 마련이다. 세상에 일말의 타당성도 없는 게 있을까? 문제는 그 타당성을 다루는 반역사적이고 시대착오적인 방식에 있다. 대중의 행동은 즉흥적일 뿐만 아니라, 오랜 기억도 역사의식도 없는 평범한 사람들에 의해 좌우되는 특징을 지니고 있다. 이는 애초부터 이미 일어난 것이나 다름없는 것처럼, 지금 일어나고 있는데도 마치 과거 시대에 속한 것처럼 행동하는 것이다.

　공산주의자인가 볼셰비키인가가 중요한 것이 아니다. 신조를 얘기하고 있는 것이 아니다. 엉뚱하고 시대착오적인 것은 1917년의 공산주의자가 이전에 일어난 것과 동일한 형태의 혁명, 과거의 결함과 오류가 조금도 개선되지 않은 혁명에 뛰어든다는 것이다. 그래서 러시아에서 일어난 것은 역사적으로 별다른 흥미가 없다. 엄밀히 말하면 그것은 인간 삶의 새로운 시작과는 반대다. 그것은 과거 혁명의 단조로운 반복이며 완전한 재탕이다. 인간의 오랜 경험이 만들어낸 혁명과 관련한 많은 관용적인 표현들 가운데 러시아 혁명에 적용되지 않은 것이 유감스럽게도 하나도 없을 정도다. "혁명은 그 자녀마저 삼켜버린다!" 혹은 "혁명은 온건파에 의해 시작되고, 과격파의 손에 넘어간 다음, 곧바로 복고로 되돌아가기 시작한다." 등이 그렇다. 이렇듯 잘 알려진 상투적인 것들 이

외에도, 그 정도는 아니지만 그래도 그럴듯한 진실을 담은 표현들이 있다. 이를테면 혁명이란 한 세대의 활동 시기와 맞먹는 기간인 15년 이상은 지속하지 않는다는 표현 말이다.[34]

사회적으로나 정치적으로 새로운 현실을 창조하길 진정으로 원하는 사람은 무엇보다도 자신이 만들어내고자 하는 상황에서 위와 같은 매우 하찮은 역사적 경험들을 무효화시키는 데 관심을 가질 필요가 있다. 한 정치인이 활동을 시작하자마자, 대학의 역사교수들이 그 때문에 역사학의 여러 '법칙들'이 효력을 상실하고 중단되거나 해체되는 것을 보면서 머리가 돌기 시작한다면, 나는 그 정치인에게 천재라는 칭호를 부여하고 싶다.

볼셰비즘의 징후를 치환한다면, 파시즘에 대해서도 비슷한 얘기를 할 수 있다. 그 어떤 시도도 '시대의 높이'에 도달하지 못했으며, 자체 내에 과거 전체를 압축해 그려 넣는 작

[34] 한 세대의 활동 기간은 약 30년 정도다. 하지만 이 활동 기간은 두 단계로 나뉘고 두 가지 형태를 취한다. 이 기간의 대략 절반에 해당하는 전반기에는 신세대가 자신들의 이념과 취향과 기호를 선전하고, 후반기에는 그것이 효력을 얻어 지배적이 된다. 그러나 그 지배 아래 교육을 받은 세대는 또 다른 이념과 취향과 기호를 갖게 되고 그것을 세상에 주입하기 시작한다. 지배 세대의 이념과 취향과 기호가 과격해지고 그에 따라서 혁명적이 되면, 신세대는 실질적으로 복고 정신을 소유한 반과격파와 반혁명파가 된다. 물론 복고를 단순히 '옛 것으로 돌아가는 것'으로만 이해해서는 안 된다. 그런 적은 한번도 없었다.

업을 하지 못했다. 이것이 과거를 뛰어넘는 필수조건이다. 과거와 몸을 맞대고 싸울 필요는 없다. 미래가 과거를 이기는 것은 그것을 삼켜버리기 때문이다. 과거의 일부를 외부에 남겨둔다면 미래는 패배한다.

볼셰비즘과 파시즘은 둘 다 가짜 여명이다. 미래의 아침이 아니라, 이미 여러 차례 되풀이된 과거의 아침을 불러온다. 그것은 원시성을 지니고 있다. 이런 일체의 운동은 과거를 완전히 삼키지 않고 그 일부와 격투를 벌이는 것이다.

물론 19세기 자유주의를 극복할 필요가 있다. 하지만 이것은 파시즘과 같이 반자유주의를 선언하는 사람이 할 수는 없다. 왜냐하면 반자유주의나 비자유주의 입장은 자유주의 이전의 인간이 택했던 것이기 때문이다. 그리고 자유주의가 일단 승리했기 때문에, 앞으로는 이 승리가 반복되거나 아니면 모든 것 ─ 자유주의와 반자유주의 ─ 이 유럽의 파괴 속에서 소멸하거나 할 것이다. 삶의 연대기는 냉정하다. 이 연대기에서 자유주의는 반자유주의 이후에 혹은 그와 동시에 나타난 것으로서, 대포가 창보다 더 우수한 무기인 것처럼 반자유주의보다 더 우수한 삶이다.

언뜻 보기에 어떤 것에 반대하는 태도는 그 어떤 것보다 나중에 오는 것처럼 보인다. 반대는 어떤 것에 대한 반작용을 의미하고, 사전에 어떤 존재를 상정하는 것이기 때문이다. 그러나 이 반대(anti)가 의미하는 혁신은 공허한 부정의 몸짓으로 끝나버리고, 긍정적인 내용이라고는 유행이 지난 '고물' 하나를 남길 뿐이다. 가령 누군가가 반(反)베드로파를 선언할 경우, 그의 입장을 긍정적인 언어로 표현하자면 베드로가 존재하지 않는 세계를 지지한다는 말과 다르지 않다. 그런데 이것은 정확히 말해서 베드로가 아직 태어나지 않은 세계에서 가능한 일이다. 반베드로파는 베드로 이후가 아니라 그에 앞서 등장하려고 영화 필름을 과거 상황으로 돌리지만 그 마지막에는 영락없이 베드로가 재등장한다. 전해오는 얘기에 따르면 이런 반대자(antis)에게서 비롯한 일이 공자에게도 일어났다. 공자는 물론 아버지보다 나중에 태어났다. 그런데 어찌된 일인지 태어날 당시 그는 이미 80세였지만 그의 아버지는 30세에 불과했다! 모든 반대는 그저 공허한 부정에 불과한 것이다.

만일 단순한 부정으로 과거를 말살할 수 있다면 모든 문제는 매우 간단할 것이다. 그러나 과거란 본질적으로 유령과 같다. 아무리 내동댕이쳐도 어김없이 되돌아온다. 따라서 과거를 진정으로 극복하는 유일한 길은 그것을 버리지 않는 것이다. 과거에 유의하고 과거를 고려해 처신함으로 그것을 멀리 피하는 것이다. 요컨대 역사적 상황에 대한 예민한 의식을 갖고 '시대의 높이에서' 살아가는 것이다.

과거는 그 나름대로의 정당한 이유를 갖고 있다. 만일 그것을 인정받지 못한다면 다시 요청할 것이고, 나아가 정당하지 않은 것까지 들이댈 것이다. 자유주의도 나름대로의 정당성을 갖고 있기 때문에 인정받아야 한다. 하지만 모든 것이 정당한 것은 아니기 때문에 정당하지 않은 것은 제거해야 한다. 유럽은 자유주의의 본질을 보존할 필요가 있다. 이것이 자유주의를 극복하기 위한 조건이다.

지금까지 파시즘과 볼셰비즘에 관해 말했지만, 단지 간접적으로만 다루면서 그 시대착오적인 측면에 주목했을 뿐이다. 나는 이런 측면이 오늘날 활개를 치는 것처럼 보이는 모든 것과 불가분의 관계에 있다고 본다. 왜냐하면 오늘날 대중이 활개를 치고 있으며, 대중이 기획한 원시적 양식의 계획만이 외견상의 승리를 향유할 수 있기 때문이다. 하지만 여기서 파시즘이나 볼셰비즘의 핵심은 다루지 않는 이유는, 혁명과 진화 사이의 영원한 딜레마를 해결할 생각이 없기 때문이다. 이 글에서 감히 바라는 것은 혁명이나 진화가 시대착오적이지 않은 역사적인 것이어야 한다는 점이다.

내가 여기서 추구하는 주제는 정치적으로는 중립적이다. 그것이 정치나 정치적 갈등보다 훨씬 심층에서 태동한 문제이기 때문이다. 보수주의자가 급진주의자보다 더 대중적인 것도 아니고 덜 대중적인 것도 아니다. 이 둘의 차이 ― 어느 시대에나 매우 피상적인 것이었던 — 는 양자 모두 동일한 인간이자 반역하는 대중이라는 사실을 조금도 방해하지 않는다.

만일 역사의 지층 전체가 흔들리는 것을 감지하고 현재의 삶의 수준을 인식하고 있는, 낡고 조악한 태도 일체를 혐오하는 진정한 '동시대인들'에게 유럽의 운명이 맡겨지지 않는다면 유럽은 헤어날 길이 없다. 역사에 매몰되지 않고 그로부터 벗어날 수 있는지의 여부를 알기 위해서는 총체적인 역사가 필요하다.

11장 '자만에 빠진 철부지'의 시대

요컨대 여기서 분석하고 있는 새로운 사회적 사실은 유럽 역사가 사상 처음으로 그저 그런 대중의 의사에 의해 좌우되고 있다는 것이다. 이를 능동적인 표현으로 바꾸면, 예전에는 지배의 대상이던 대중이 이제 세계를 지배하기로 결심했다는 말이다. 사회의 전면에 나서겠다는 이런 결심은, 대중으로 대표되는 새로운 유형의 인간이 성숙하면서 자동적으로 생겨난 것이다. 사회생활의 모습에 주의를 기울이면서 대중의 심리 구조를 살펴보면 다음과 같은 점을 발견할 수 있다. (1) 선천적이고 근본적으로 삶이란 수월하고 풍요로우며 비극적 제한이 없는 것이라는 생각을 갖고 있다. 따라서 평균인은 그 내면에 지배의식과 승리감을 갖고 있다. (2) 이런 지배의식과 승리감은 자기 자신을 있는 그대로 긍정하게 해주고, 그의 도덕적·지적 자산을 완벽하고 훌륭한 것처럼 여기게 만든다. 이런 자기만족이 외부의 견해 일체를 거부하게 하고 귀기울이 않게 하며, 자신의 의견은 의문시하지 않은 채 다른 의견을 무시하게 만든다. 그 내면에 있는 지배의식은 끊임없이 그를 부추겨 지배력을 행사하게 한다. 그리하여 세상에는 마치 자신과 자신의 동료만 존재하는 것처럼 행동한다. (3) 그 결과 신중함이나 심사숙고, 절차나 유보도 없이 '직접행동' 체계에 따라 매사에 개입해 자신의 의견을 관철시킨다.

이상과 같은 일련의 모습들은 '응석받이'와 반역하는 원시인, 곧 야만인과 같은 인간성 결함을 연상시킨다.(정상적인 원시인은 이와 반대로 종교, 금기, 사회적 전통, 관습 같은 기존의 권위에 매우 순종적이다) 이런 인간형에 대해 험담을 늘어놓는다고 해서 놀랄 것은 없다. 이 글은 승리에 도취한 인간에 대한 최초의 공격 시도이자, 그의 압제 욕구에 소수 유럽인들이 강한 반격을 가할 것이라는 예고에 불과하다. 이것은 전초전에 불과할 뿐이며, 본격적인 공격은 이 글이 취하고 있는 것과는 매우 다른 형태로 아마 머지않아 전개될 것이다. 본격적인 공격은 대중이 예방할 수 없는 형태로 도래할 것이며, 대중은 그것을 목격하면서도 본격적인 공격임을 깨닫지 못할 것이다.

오늘날 각처를 돌아다니며 어디서나 자신의 야만성을 강

요하는 이런 유형의 인물은 사실상 인류 역사가 낳은 응석받이이다. 그는 오직 상속자 행세만 하려드는 상속인이다. 여기서 상속물은 문명, 곧 문명의 혜택이라고 일컬어지는 각종 편의와 안전이다. 이제까지 살펴본 것처럼, 위와 같은 일련의 특징을 지니고 그런 성격의 고무를 받은 인간의 출현은 문명이 만들어낸 생활의 안락함 속에서만 가능한 것이다. 이런 인간은 사치가 만들어낸 여러 기형 가운데 하나다. 우리는 풍요로운 세계에서 태어난 인생이, 결핍과 투쟁의 와중에 있는 인생보다 더 낫고 더 우수하리라고 생각하는 경향이 있다. 그러나 사실은 그렇지 않다. 이런 판단에는 매우 엄밀하고 근본적인 이유들이 있긴 하지만 지금 그것을 거론할 때는 아니다. 여기서는 그 이유들을 열거하는 대신, 모든 세습귀족의 비극에 등장하는 언제나 되풀이되는 사실을 기억하는 것으로 충분하다. 귀족이 뭔가를 상속한다는 것은 자신이 창조하지 않은, 따라서 자신의 개인적인 삶과 유기적으로 결합되지 않은 인생 조건들을 부여받는다는 것이다. 태어나면서 졸지에 영문도 모른 채 부와 특권을 소유한 것을 발견한다. 그것은 그에게서 유래한 것이 아니기 때문에, 본래 그와 아무런 관련이 없다. 이 부와 특권은 다른 사람, 다른 인간, 곧 그의 조상이 남긴 거대한 갑옷이다. 그래서 그는 상속자로 살지 않으면 안 된다. 다시 말하면 다른 사람의 갑옷을 걸쳐야만 한다. 그러면 어떻게 되는 걸까? 세습 '귀족'은 자신의 삶을 사는 걸까, 아니면 선조 귀족의 삶을 사는 걸까? 이것도 저것도 아니다. 그는 타인의 삶을 재현해야 하며, 따라서 타인도 자신도 아닌 운명을 짊어진 것이다. 그의 삶은 불가피하게 진정성을 상실하고 순전히 다른 삶을 재현하거나 꾸미는 것으로 변화한다. 그가 관리해야 할 과다한 재산은 자신의 개인적인 운명을 살 수 있도록 내버려두지 않고 그의 삶을 위축시킨다. 모든 삶은 자기 자신이 되기 위한 싸움이며 노력이다. 인생을 살아가며 부딪치는 어려움은 나의 활동과 능력을 일깨워 활용하게 해준다. 만일 내가 몸의 무게를 느끼지 않는다면 나는 걸어 다닐 수 없을 것이다. 만일 대기가 내게 압력을 가하지 않는다면 내 몸은 이리저리 떠다니는 흐물흐물한 유령처럼 느껴질 것이다. 마찬가지로 세습 '귀족'의 인격은 삶의 노력과 활용 부족으로 점차 모호해진다. 그 결과 옛 귀족 가문 특유의 어리석음만이 남는다. 이는 아직까지 아무도 그 내부의 비극적 메커니즘 — 모든 세습귀족을 어쩔 수 없이 퇴보하게 만드는 — 을 그려낸 적이 없는 어리석음이다.

하지만 이런 사실은 과다한 재산이 인생에 도움을 준다고 생각하기 쉬운 우리의 소박한 경향을 억제하는 것에 불과하다. 사실은 그와 정반대다. 가능성이 과다한 세계[35]는 자동적으로 심한 기형과 사악한 유형의 인간을 만들어낸다. 이를

'상속인'이라는 일반적 범주에 넣을 수 있다. '귀족'은 특별한 예에 불과하고, 응석받이도 있으며, 훨씬 더 광범하고 근본적인 우리 시대의 대중도 있다.(더구나 앞서 언급한 귀족에 대한 내용을 더욱 상세히 활용한다면, 모든 시대의 민족에서 귀족이 보여준 주요 특징들 가운데 상당수가 대중 속에서 어떻게 맹아적으로 나타나는지 보여줄 수 있다. 이를테면, 삶의 주된 관심을 놀이와 스포츠에 두는 성향, 체력 단련과 건강, 의상에 대한 관심, 여성에 대한 로맨티시즘의 결여, 지식인과의 교류를 즐기면서도 마음속으로는 그를 존경하지 않고 때때로 하인이나 경찰관에게 그를 매질하라고 명령하기, 자유토론보다는 절대적 권위의 선호[36] 등)

35 재산의 증가, 특히 재산의 풍요와 과잉을 혼동해서는 안 된다. 19세기에는 생활의 편의가 증가했으며 그와 더불어 앞서 지적한 대로 생활수준이 양적·질적으로 엄청나게 증가했다. 그러나 문명 세계가 평균인의 능력에 비해 불필요할 정도로 지나치게 풍요로운 과잉 상태에 도달하는 시기가 도래했다. 예를 하나 들자면, 진보(생활 혜택의 끊임없는 증가)를 제공한 것처럼 보이는 안전은, 그것이 허위이자 위축되고 사악한 것이라는 생각을 갖게 함으로써 평균인의 사기를 저하시켰다.

36 다른 경우와 마찬가지로 이 점에서도 영국 귀족은 예외인 것처럼 보인다. 그러나 영국의 경우에 감탄하지 않을 수 없는 것은 그것이 예외이면서도 일반 규칙을 확증해주기 때문이다. 영국 역사의 개요를 살펴보는 것만으로도 이것을 충분히 알 수 있다. 흔히 얘기되는 것과는 달리, 영국 귀족은 유럽 귀족들 중에서 과잉 재산의 혜택을 별로 누리지 못하면서 더 큰 위험 속에서 살았다. 영국 귀족은 언제나 위험 속에서 살았기 때문에 존경을 얻는 법을 알고

나는 마음이 무겁기는 하지만 교양이라고는 찾아볼 수 없는 가장 최근의 이런 야만인이 근대 문명, 특히 19세기 문명에서 비롯하는 자동적인 결과물임을 보여주고자 한다. 이 야만인은 5세기의 '위대한 백인 야만인들'처럼 외부에서 문명세계로 들어온 것도 아니고, 아리스토텔레스가 말한 연못 속의 올챙이들처럼 내부에서 자연발생적인 신비로운 생식으로 태어난 것도 아닌, 문명의 자연스런 소산이다. 여기서 우리는 고생물학과 생물지리학이 입증한 바 있는 인간의 삶은, 그가 처분할 수 있는 재산과 그가 인식하는 문제들이 조화를 이룰 때에만 생성·발전한다는 법칙을 확인할 수 있다. 이는 육체적인 경우와 마찬가지로 정신적 차원에서도 진리이다. 매우 구체적인 육체적 삶과 관련하여, 인류가 더운 계절과 극도로 추운 계절이 교차하는 지역에서 발생했음을 상기해야 한다. 열대에서는 인간이 퇴화한다. 그와 반대로 피그미족과 같은 열등 인종은 훨씬 나중에 출현한 고등 인종에 의해 열대지방으로 밀려났다.[37]

　　있었고 또 그렇게 했다. 이는 그들이 끊임없이 돌파구를 모색하고 있었음을 의미한다. 우리는 18세기가 훨씬 지나서까지도 영국이 서유럽에서 가장 가난한 나라였다는 기본적인 사실을 망각하기 쉽다. 귀족이 존경을 받은 것은 바로 이런 사실 때문이었다. 그들은 재산이 넉넉지 않았기 때문에 대륙에서는 비천한 직업이었던 상업이나 공업에 뛰어들어야만 했다. 즉 일찍부터 특권에 기대지 않고 창조적인 형태로 살아가기로 결심했던 것이다.

19세기 문명은 본질적으로 평균인이 재산의 과잉을 누릴 뿐 고뇌하지 않는 잉여의 세계 속에 살게 했다. 평균인은 훌륭한 도구와 좋은 약품, 선견지명이 있는 국가, 편리한 혜택에 둘러싸여 있지만, 그 도구와 약품을 발명하고 생산을 계속 확보하는 것이 얼마나 어려운 일인지는 모른다. 또한 국가 조직이 얼마나 불안정한지도 모르고 자신에게 어떤 책임이 있는지도 거의 깨닫지 못한다. 이런 불균형은 삶의 본질 자체와의 접촉을 방해하여 그를 근본적으로 훼손시킨다. 삶의 본질 그 자체와 접촉하지 않는 것이 위험 요소이자 문제의 근본이다. 인간의 삶 중에서 등장할 수 있는 가장 모순적인 삶의 형태가 '자만에 빠진 철부지'이다. 따라서 이런 유형이 지배적인 인간이 될 때 삶이 쇠퇴의 위험, 다시 말해 상대적인 죽음의 위협에 처한다는 것을 알리고 경고할 필요가 있다. 이런 측면에서 보자면, 오늘날 유럽의 생활수준이 과거의 그 어떤 수준보다 높긴 하지만, 미래를 고려하면 이 수준을 유지한다거나 더 높은 수준으로 올라가는 것이 아니라 오히려 더 낮은 수준으로 떨어질까 우려스럽다.

이제 '자만에 빠진 철부지'가 얼마나 비정상적인가 하는 점이 명백해졌을 것이다. 그는 자신이 하고 싶은 대로 하기

37 올브리히트(Olbricht)의 『기후와 진화 *Klima und Entwicklung*』(1923) 참조.

위해 태어난 인간이다. 실제로 '부모 슬하의 자녀'는 이런 환상을 갖는다. 우리는 그 까닭을 잘 알고 있다. 가족 내에서는 어떤 큰 잘못을 범해도 전혀 벌을 받지 않기 때문이다. 가족 세계는 상대적으로 인위적이기에, 사회나 외부 세계에서는 자동적으로 파국적이고 피치 못할 결과를 초래할 행위들이 묵인된다. 그러나 '철부지'는 집밖에서도 집안에서처럼 행동할 수 있다고 보며, 돌이킬 수 없고 취소할 수 없는 치명적인 것이란 아무 것도 없다고 생각한다. 그래서 그는 자신이 좋아하는 것은 뭐든 해도 좋다고 여긴다.[38] 이 얼마나 엄청난 오류인가! 포르투갈 동화에 앵무새에게 "너는 너를 데리고 가는 곳으로 가게 될 것이다."라고 말하는 대목이 있다. 이것은 자신이 하고 싶은 대로 해서는 안 된다는 말이 아니라, '반드시' 해야 하는 것과 '반드시' 되어야 하는 것 외에는 할 수 없다는 말이다. 우리가 할 수 있는 유일한 한 가지는 해야만 하는 것을 거부하는 일이다. 하지만 이것이 우리가 하고 싶은 것을 마음대로 하게 해주는 것은 아니다. 이런 점에서 우리는

[38] 가정과 사회의 관계는, 크게 보면 국가와 국제사회의 관계와 같다. '철부지주의'가 보여주는 가장 명백하고 대규모적인 현상 가운데 하나는 일부 국가들이 국제사회 속에서 '자신이 하고 싶은 것을 하기로' 결정한다는 것이다. 이것이 순진하게도 '민족주의'라고 불리고 있다. 나는 국제주의에 대한 맹종에도 반대하긴 하지만, 아직 덜 성숙한 국가들의 일시적인 '철부지주의' 또한 어리석은 것이라고 본다.

부정적인 의지의 자유(noluntad)만을 소유하고 있을 뿐이다. 우리가 본래의 운명에서 벗어날 수 있을지라도, 결국에는 그보다 열등한 운명에 갇히는 포로가 될 뿐이다. 내가 독자들 개개인을 알 수 있는 처지가 아니기 때문에, 각자의 개인적인 운명이 그럴 것이라고 보여줄 수는 없다. 하지만 그 운명이 다른 사람들과 동일한 부분은 분명히 밝혀낼 수 있다. 이를테면 현대의 유럽인들은 그 어떤 명백한 '사상'과 '견해'에서 나온 것보다도 훨씬 더 강력한 확신으로 자신들이 자유로워야만 한다고 알고 있다. 여기서 어떤 형태의 자유가 진정한 자유인가는 논의하지 않겠다. 다만 내가 말하고 싶은 것은 가장 보수적인 유럽인도 지난 세기에 자유주의의 이름으로 시도한 것이 결국에는 좋든 싫든 간에 오늘날의 서양인을 형성하고 있다는 냉엄하고도 불가피한 사실을 마음 깊이 알고 있다는 점이다.

이런 정치적 자유라는 규범을 실현하기 위해 지금까지 노력해온 구체적인 방법들이 모두 오류이자 치명적인 것이었음이 명백히 드러났다 할지라도, 그것이 지난 세기에는 실제로 일리가 있었다는 마지막 한 가지 사실은 여전히 유효하다. 교서 요목에 최상의 경의를 표하는 가톨릭 유럽에 — 원하든 원치 않든, 믿든 안 믿든 간에 — 이 사실이 유효한 것과 마찬가지로, 공산주의 유럽과 파시즘 유럽이 반대의 것을 설득시키

기 위해 제아무리 노력한다 하더라도 이 두 진영에도 이 사실
은 동일하게 적용된다.[39] 자유주의 운동을 둘러싸고 전개된
공정한 비판 너머에는 이론적이고 과학적이며 지적인 것이
아닌, 그와는 전혀 다른 더욱 확고한 차원의 진리, 이를테면
운명의 진리, 불변의 진리가 있다는 사실을 누구나 다 '알고
있다.' 이론적인 진리는 논쟁을 불러일으킬 뿐만 아니라 그
의미와 위력도 논란의 대상이 된다. 이론적인 진리는 논의를
통해 생겨나고, 논의 중일 때 생명력을 지니며, 오직 논의를

[39] 태양이 지평선으로 가라앉는 것이 아니라고 코페르니쿠스적으로
생각하는 사람도 여전히 가라앉는 것을 본다. 여기서 본다는 것은
일차적인 확신을 의미하므로, 그는 계속해서 그렇게 생각하게 된
다. 문제는 과학적 사고가 일차적인 혹은 자생적인 사고의 결과를
언제나 억제한다는 것이다. 이와 마찬가지로 가톨릭 교인도 교리
적인 사고를 통해 자신의 진정한 자유로운 사고를 부정한다. 가톨
릭 교인에 관한 얘기는 앞으로 설명하고자 하는 개념을 명백히
하기 위해 예로 제시한 것일 뿐이지, 그에게 우리 시대의 대중,
곧 '자만에 빠진 철부지'에게 퍼부은 과격한 비난을 가하기 위한
것은 아니다. 물론 단 한 가지 점에서는 일치한다. '자만에 빠진
철부지'가 진정성이 없다고 비난했듯이, 가톨릭 교인도 어떤 점에
서는 진정성이 없다. 그러나 이는 외관상의 부분적인 일치에 불과
하다. 가톨릭 교인은 좋아하든 좋아하지 않든 근대인으로서의 자
기 존재에 대해서는 진정성이 없다. 왜냐하면 그는 다른 실제적인
부분, 곧 종교적 신앙에 충실하고 싶어 하기 때문이다. 이는 이
가톨릭 교인의 운명이 비극적이라는 사실을 의미한다. 그는 그런
진정성의 결여를 통해 자신의 의무를 완수한다. 그에 반해서 '자
만에 빠진 철부지'는 경박하기 때문에 자기 자신을 이탈하고 모든
것에 반역한다. 다시 말해서 모든 비극을 회피한다.

위해 만들어진 것이다. 하지만 운명 ─ 삶이 그래야만 하는가 아닌가의 문제 ─ 은 논의의 대상이 아니라, 받아들일 것인가 받아들이지 않을 것인가 하는 수용 여부의 대상이다. 받아들인다면 진정성을 지닐 수 있지만, 받아들이지 않는다면 자기 자신을 부정하는 위선에 빠진다.[40] 운명이란 하고 싶어 하는 것에 있는 것이 아니라, 하고 싶지 않은 것을 해야만 한다는 생각을 할 때 분명하고 엄격하게 그 모습을 드러낸다.

그런데 '자만에 빠진 철부지'의 특징은 어떤 일을 해서는 안 된다는 것을 '알면서도' 말과 행동으로는 반대의 확신을 꾸며대는 것이다. 파시스트는 정치적 자유가 결국에는 사라지는 것이 아니라 유럽인들의 생활의 본질을 구성하고 있으며, 위기에 직면하여 필요할 경우 언제든지 그 자유로 되돌아가게 된다는 것을 알면서도 그에 대한 반대운동을 벌인다. 대중 생활의 기조를 이루는 것은 불성실과 '농담'이다. 그들은 매사에 필연성을 염두에 두지 않고 '부모 슬하의 철부지'가 장난을 치듯 가볍게 처리한다. 그들이 삶의 모든 영역에서 비극적이고 결론적인 단호한 태도를 서둘러 채택하는 것은 단

---

40 타락함과 비열함은 자신의 운명을 거부한 사람에게 남겨진 생활방식과 다르지 않다. 또한 그렇게 한다고 해서 진정한 본질이 사라지는 것도 아니다. 오히려 비난하는 그림자와 유령이 되어 마땅히 짊어져야 할 것을 짊어지지 못하고 있다는 끊임없는 강박증에 시달린다. 타락한 인간은 이미 자살한 생존자인 셈이다.

순한 겉치레일 뿐이다. 그들은 문명 세계에 진정한 비극은 존재하지 않는다고 믿기 때문에 비극을 연기한다.

만일 어떤 사람이 우리에게 소개하고자 하는 것을 우리가 진짜로 받아들여야만 한다면 어떻게 될까. 만일 어떤 사람이 2 더하기 2가 5라고 고집을 피울 경우, 그가 정신이상자가 아니라면 그가 아무리 외쳐대고 그 주장을 위해 죽음을 불사한다 하더라도 우리는 그가 사실은 그렇게 생각하고 있지 않다고 보아야 한다.

지금 어릿광대극의 회오리바람이 유럽 전역을 휩쓸고 있다. 사람들이 취하고 있는 입장은 대개 그 자체가 거짓이다. 그들이 경주하는 유일한 노력은 운명 자체를 회피하고, 명백한 증거와 내면의 소리에 눈과 귀를 멀리하고, 마땅히 그래야만 하는 모습과의 대면을 회피하는 것이다. 우리는 쓰고 있는 가면이 외견상 비극적일수록 더욱더 희극적인 삶을 살고 있다. 조건 없이 투신하지 않는 미지근한 태도로 살아가는 곳에는 언제나 희극이 있다. 대중은 운명의 확고한 지반 위에 발을 내딛지 않는 공중에 매달린 허구의 삶을 즐긴다.

그래서 무게도 뿌리도 없는 — 운명으로부터 뿌리가 뽑힌 (déracinées) — 이런 삶은 가벼운 시류에도 언제나 이리저리 끌려 다닌다. 지금은 '시류'의 시대이고 '이리저리 끌려 다니는' 시대이다. 예술이든 사상이든, 정치든 사회적인 관습이든, 그 속에서 일어나는 천박한 회오리바람에 대해 이의를 제기하는 사람은 거의 없다. 그래서 그 어느 때보다도 더욱 수사학이 난무한다. 초현실주의자는 다른 사람들이 '자스민, 백조, 목신(牧神)'을 묘사한 곳에 뭔가(여기서 그 단어를 인용할 필요는 없다)를 써넣고는 문학사 전체를 극복했다고 생각한다. 하지만 이는 지금까지 오물통 속에 버려져 있던 또 다른 수사를 끄집어낸 것에 불과하다.

현재의 상황은 나름대로 독특한 특징을 갖고 있긴 하지만, 지난 시대와의 공통적인 부분에 주목할 때 보다 분명해진다. 이를테면 지중해 문명이 최고조에 달한 기원전 3세기경에 견유학파가 등장했다. 디오게네스는 진흙 묻은 신을 신고 아리스티푸스의 양탄자를 밟고 다녔다. 견유학파는 번성하여 어느 장소 어느 신분에도 그 회원이 있을 정도였다. 그러나 이 학파는 문명을 고의로 파괴하는 일 외에 한 것이 없다. 그들은 헬레니즘의 허무주의자였다. 아무 것도 창조하지 않았고 아무 것도 만들지 않았다. 그들의 역할은 파괴하는 것, 더 정확히 말해 파괴하려고 한 것이었다. 왜냐하면 자신들의 목적마저 달성하지 못했기 때문이다. 문명의 기생충인 견유학파는 문명을 부정하며 살았다. 그래서 부족한 게 없을 것이라고 확신했다. 그들이 자신의 역할이라고 여기는 광대의 역할을 누구나 자연스럽고 진지하게 수행하는 원시마을에 있다면,

그들은 과연 무엇을 할까? 자유에 관해 악평하는 것을 제외한다면 파시스트가 무엇이겠는가, 혹은 예술을 모독하는 것을 제외한다면 초현실주의자는 무엇이겠는가?

매우 뛰어난 조직 세계에 태어나 어떤 위험에도 직면하지 않고 혜택을 누리기만 하는 사람은 다른 방식으로는 살아갈 수 없다. 환경 자체가 일종의 집과 같은 '문명'이기 때문에, '부모 슬하의 철부지'는 변덕스런 기질을 벗어던지고 자신보다 우월한 외부의 권위에 귀 기울일 필요를 느끼지 못한다. 더구나 피할 수 없는 자신의 운명의 본질과 대면해야 할 필요를 느끼지 못하는 것은 당연하다.

12장 '전문화'의 야만성

　우리의 논지는 19세기 문명이 자동적으로 대중을 만들어 냈다는 것이다. 그에 대한 일반적인 설명을 마무리하기 전에 구체적으로 그 생산 메커니즘을 분석해볼 필요가 있다. 그렇게 해서 그 구체적인 내용이 드러난다면 우리의 주제는 설득력을 얻을 것이다.

　19세기 문명은 자유민주주의와 기술이라는 두 개의 커다란 범주로 요약될 수 있다고 앞서 말한 적이 있다. 이제 후자의 경우에 대해 얘기해보자. 현대의 기술은 자본주의와 실험 과학의 결합에서 생겨났다. 하지만 모든 기술이 과학적인 것은 아니다. 초기 구석기 시대에 돌도끼를 만든 사람은 과학은 없었지만 기술을 만들어냈다. 중국은 물리학의 존재를 전혀 상상해보지도 않은 가운데 고도의 기술을 발전시켰다. 오직 유럽의 근대 기술만이 과학적인 기원을 지니고 있다. 그리고 그로부터 무한한 발전 가능성이라는 기술의 특수한 성격이 생겨났다. 메소포타미아와 나일 강, 그리스와 로마, 동양의 다른 기술들은 더 이상 넘어설 수 없는 지점까지 도달하자마자 곧 가련한 퇴보를 보이기 시작한다.

서양의 놀라운 기술은 유럽 인종의 경이적인 번식을 가능케 해주었다. 이 글에서 출발점으로 삼은, 앞서 말했듯이 모든 논의의 맹아를 담고 있는 사실을 상기해주길 바란다. 즉 유럽의 인구는 5세기에서 1800년에 이르기까지 1억8천만 명을 넘어선 적이 없었다. 그런데 1800년에서 1914년까지는 4억6천만 명 이상으로 증가했다. 이는 인류 역사상 그 유례를 찾아볼 수 없는 비약적인 증가다. 기술이 ─ 자유민주주의와 더불어 ─ 양적인 의미의 대중을 탄생시켰다는 사실은 의심의 여지가 없다. 하지만 여기서는 기술이 질적이고 경멸적인 의미의 대중의 출현에 대해서도 책임이 있다는 사실을 보여주고자 한다.

이 글의 서두에서 밝힌 대로 '대중'이 특히 노동자를 의미하는 것은 아니다. 대중이란 하나의 사회계급을 의미하는 것이 아니라 오늘날 사회의 모든 계층에서 볼 수 있는, 그래서 우리 시대를 대표하고 우리 시대를 지배하고 압도하는 종류의 인간을 말한다. 이제 그 증거들을 하나하나 검토해보자.

오늘날 누가 사회 권력을 휘두르는가? 누가 시대정신의 구조를 부여하는가? 그것은 두말할 나위 없이 부르주아지이다. 이 부르주아지 내에서 상위 집단, 곧 현대의 귀족으로 간주되는 자들은 누구인가? 그것은 두말할 나위 없이 기사와 의사, 금융업자, 교사 등의 전문가들이다. 이 전문가 집단 내에서 그 집단을 가장 순수하게 대표하는 자들은 누구인가? 그것은 물론 과학자들이다. 만일 우주인이 유럽을 방문해서 유럽을 평가하기 위해 유럽에 거주하는 자들 가운데 어떤 유형의 사람의 평가를 들어야 좋을지 묻는다면, 유럽인은 틀림없이 유리한 판정을 확신하면서 기꺼이 과학자들을 소개할 것이다. 우주인은 예외적인 개인들의 평가를 기대하는 것이 아니라 유럽인의 정점에 위치한 '과학자'의 일반 유형, 곧 법칙을 찾고자 할 것이다.

이렇게 되면 오늘날의 과학자가 대중의 원형이 된다. 이는 특정 과학자의 개인적인 결함이나 우연 때문이 아니라 문명의 근원인 과학 자체가 자동적으로 그들을 대중으로 전환시키기 때문이다. 다시 말해서 과학이 과학자를 원시인으로, 현대의 야만인으로 만들기 때문이다.

이런 사실은 이미 충분히 알려져 있고 수차례에 걸쳐 확인된 바 있지만, 이 글 속에 배치됨으로써 비로소 그 의미가 완전해지고 그 중요성이 명백히 드러난다.

실험과학은 16세기 말(갈릴레오)에 시작되어 17세기 말(뉴턴)에 제도화되고 18세기 중엽부터 발전한다. 어떤 것의 발전이 그것의 제도화와 동일한 것은 아니다. 양자는 다른 조건들에 종속된다. 이를테면 실험과학의 집합 명사인 물리학의 제도화는 통합을 위한 노력을 필요로 했다. 뉴턴과 동시대 과학자들의 작업이 바로 이것이었다. 그러나 물리학의 발전은 통합과는 반대 성격의 작업을 도입했다. 과학은 발전을 위해 과학자들의 전문화를 필요로 했다. 과학자들이 과학 자체는 아니다. 과학은 전문가가 아니다. 만일 그렇다면 이 사실만으로도 과학은 진정한 과학이 될 수 없을 것이다. 순수한 형태의 경험과학도 수학과 논리학, 철학과 분리시킨다면 진정한 과학이 아니다. 그러나 과학 내부의 작업은 어쩔 수 없이 전문화되어야 한다.

연구자들의 작업이 점차 전문화되는 과정을 살펴보면서 물리학과 생물학의 역사를 훑어보는 것은 생각보다 훨씬 더 유용하고 흥미로울 것이다. 이는 과학자가 세대를 거듭할수록 점차 좁은 지적 활동 분야에 속박되고 제약된다는 것을 보여줄지도 모른다. 그러나 우리가 역사에서 배우는 중요한 사실은 오히려 그것을 뒤집을 때 드러난다. 즉 과학자는 세대를 거듭할수록 연구 영역을 좁히지 않을 수 없었기 때문에, 다른 분야의 과학이나 통합적 우주 해석과의 접촉을 점차 상실했다는 사실이다. 여기서 우주란 과학과 문화, 유럽의 문명에 어울리는 유일한 이름이다.

전문화는 바로 '백과전서파'를 교양인이라고 부른 시대에 시작되었다. 19세기는 결과물이 이미 전문화의 경향을 띠고 있었음에도 불구하고, 생활은 여전히 백과전서파 방식의 주도로 시작되었다. 다음 세대에는 이 균형도 무너지고 과학자들은 전문화로 말미암아 통합적인 교양을 상실하기 시작했다. 1890년 세 번째 세대가 유럽의 지적인 패권을 쥐는 시기에 우리는 사상 유례가 없는 새로운 유형의 과학자를 만나게 된다. 즉 사려 깊은 인간이 되기 위해 알아야 할 것들 중에서 특정 분야의 지식밖에 모르며, 그 분야에서조차 자신이 직접 연구자로 참여하는 좁은 분야만 제대로 아는 사람이다. 그들은 자신이 전문적으로 연구하는 좁은 분야 이외의 내용에 대해 잘 모르는 것을 미덕이라 여기고, 지식 전반에 대한 욕망을 딜레탕티즘(dilettantism)이라고 부른다.

문제는 그들이 좁은 시야에 갇혀있으면서도 새로운 사실을 발견해내고, 거의 알지도 못하는 과학과 전혀 무지한 사상의 백과사전을 발전시킨다는 것이다. 이런 일이 어떻게 가능했으며 지금은 또 어떻게 가능한가? 이를 위해서는 다음과 같은 부정하기 힘든 기괴한 사실을 강조할 필요가 있다. 즉 실험과학이 발전한 것은 상당 부분 놀라울 정도로 평범한 사람들, 심지어 평범하지도 못한 사람들의 노력 덕분이었다. 다시 말해서 현대 문명의 근원이자 상징인 근대과학은 평범한 지적 수준을 지닌 사람을 수용하여 성공의 길을 열어주었다. 그 이유는 새로운 과학과 그것이 지배하고 대표하는 문명, 곧 기계화의 이익이 최고인 동시에 그 위험도 최대라는 데 있다. 물리학이나 생물학에서 해야 할 일들의 대부분은 대다수의 사람들 누구나 할 수 있는 기계적인 사고 작업이다. 연구자들이 셀 수 없이 많기 때문에 과학은 작은 분야로 나눠지고, 어느 한 분야를 맡으면 나머지 분야는 몰라도 된다. 방법들의 확실성과 정확성 덕분에 이런 잠정적이고 실제적인 지식의 해체가 가능하다. 마치 기계로 작업을 하듯 그런 방법으로 연구를 한다. 풍부한 결실을 얻기 위해 그 방법들의 의미와 원리를 명확히 알아야 할 필요는 없다. 그래서 대부분의 과학자들은 마치 벌집 속의 꿀벌처럼 혹은 고기를 굽기 위해 쇠꼬챙이를 돌려대는 주방의 하인처럼, 자신의 작은 실험실에 틀어박혀 과학 전체의 발전을 도모한다.

그러나 이는 전혀 색다른 유형의 인간을 창조해낸다. 자연에 대한 새로운 사실을 발견한 연구자는 필시 정복감과 자신감을 느낄 것이다. 그리고 자신을 '식자(識者)'라고 생각하는데, 이는 어느 정도는 정당한 것이다. 사실 그는 단편적인 지식 하나를 갖고 있다. 그 지식은 그에게 없는 다른 단편적인 지식들과 결합하여 진정한 지식으로 만들어진다. 이것이 금세기 초 부풀릴 대로 부풀려진 전문가의 진정한 모습이다. 전문가는 자신이 연구하는 우주의 극히 미세한 한 분야는 잘 '알지만' 나머지 분야는 전혀 모른다.

이런 전문가가 바로 내가 다각도로 정의를 내리고자 한 색다른 인간을 잘 보여준다. 나는 이미 이런 인간을 가리켜 역사상 유례가 없는 유형이라고 언급한 바 있다. 전문가는 이 새로운 유형의 인간을 매우 구체적으로 보여주고, 그가 지닌 새로운 것의 본질을 유감없이 드러내준다. 왜냐하면 이전에는 인간을 그저 유식한 자와 무식한 자, 다소 유식한 자와 다소 무식한 자로 단순하게 분류했지만, 전문가는 그 두 범주 중 어디에도 속하지 않기 때문이다. 자신의 전문 영역과 무관한 것은 모르기 때문에 유식한 자도 아니고, '과학자'로서 미세한 전공 분야는 매우 잘 알기 때문에 무식한 자도 아니다. 우리는 그를 무식한 식자라고 불러야 할 것이다. 이는 매우 중대한 사실이다. 왜냐하면 그는 자신이 모르는 모든 분야에 대해 무식한 자로 처신하는 것이 아니라, 마치 자신의 전공 분야에서처럼 유식한 자의 행세를 하기 때문이다.

사실 이것이 전문가의 행실이다. 그는 정치와 예술, 사회 관습, 그리고 다른 분야의 학문에 대해 원시적인 입장과 무지한 입장을 취하면서, 자신만만하게도 해당 전문가의 의견을 받아들이지는 않는다(이것이 역설이다). 전문화를 발전시켜온 문명이 그를 자신의 한계에 만족하는 폐쇄적인 인간으로 만들어버렸다. 바로 이런 내적인 정복감과 우월감이 자신의 전문 분야 이외의 영역까지도 지배하려는 욕망을 부추긴다. 따라서 대중과 정반대로 (전문성을 지닌) 수준 높은 자질을 대변하는 인간의 경우조차도 거의 모든 영역의 삶에서는 특별한 자질이 없이 대중처럼 행동한다.

이것이 황당무계한 주장은 아니다. 이는 오늘날 '과학자'와 의사, 기술자, 금융업자, 교사 등이 정치와 예술, 종교, 그리고 인생과 세계의 전반적인 문제들에 대해 생각하고 판단하며 행동하는 어리석음을 보면 알 수 있다. 내가 대중의 특징으로 거듭 강조한 바 있는 '귀 기울이려 하지 않고', 높은 권위에 굴복하려 들지 않는 태도는 바로 이런 부분적인 자질을 갖춘 자들에게서 완벽하게 나타난다. 그들이 오늘날 대중의 지배를 상징하고 있고 그 지배를 대폭 거들고 있다. 그들의 야만성이 바로 유럽을 타락하게 하는 가장 직접적인 원인이다.

더구나 그들은 19세기 문명이 자신의 흐름에 몸을 내맡긴 채 어떻게 이런 원시성과 야만성을 재생시켰는지를 가장 명백하고 정확하게 보여준다.

이렇게 균형 잃은 전문화가 가져온 가장 직접적인 결과는 그 어느 때보다도 '과학자'가 많은 오늘날 '교양인'의 수는 1750년 무렵보다도 훨씬 더 적다는 것이다. 더구나 과학의 쇠꼬챙이를 돌려대는 하인들이 있다고 할지라도 과학의 진정한 발전은 보장되지 않는다. 왜냐하면 발전을 유기적으로 조정하기 위해 과학은 이따금 재조정 작업을 필요로 하고, 이는 앞서 얘기한 것처럼 통합을 위한 노력을 요구하기 때문이다. 이런 통합은 전체 지식의 영역이 복잡해질수록 더욱더 어려워진다. 뉴턴은 철학에 대한 깊은 지식이 없이도 물리학 체계를 세울 수 있었다. 그러나 아인슈타인은 자신의 명석한 종합에 도달하기 위해 칸트와 마흐(Mach)에 몰두할 필요가 있었다. 칸트와 마흐 — 이들의 이름은 아인슈타인에게 영향을 준 거대한 철학적·심리학적 사상을 상징할 뿐이다 — 는 그의 정신을 해방시키고 혁신의 길을 열어주는 데 이바지했다. 그러나 아인슈타인으로는 충분하지 않다. 물리학은 역사상 가장 심각한 위기에 봉착했으며, 그것을 위기에서 구출하는 길은 과거의 것보다 더 체계적인 새로운 백과전서파일 뿐이다.

한 세기에 걸쳐 실험과학의 발전을 가능하게 한 전문화가 이제는 더 나은 세대가 더욱 강력한 새로운 쇠꼬챙이를 만들어주는 작업을 떠맡지 않는다면 스스로 발전할 수 없는 단계에 이르렀다.

그러나 전문가가 자신이 연구하는 과학의 내적인 생리에

무지하다면, 그것을 존속시키는 데 필요한 역사적 조건, 즉 연구자를 계속 배출하기 위해 사회와 인간의 마음이 어떻게 조직되어야 하는지에 관해서는 더더욱 무지할 수밖에 없다. 이미 앞서 언급했듯이, 최근에 발생하는 과학 종사자들의 감소는 문명이 무엇인지를 명확히 이해하는 사람들이 우려하는 증상이다. 하지만 현대 문명의 정점에 서 있는 전형적인 '과학자'에게는 문명에 대한 이런 이해가 결여되어 있다. 그 또한 문명이라는 대지와 원시림이 그저 거기에 존재한다고 믿고 있을 뿐이다.

13장 최대의 위험은 국가

사회의 여러 일들이 제대로 돌아갈 경우 대중은 자진해서 행동하지 않는다. 이것이 대중의 사명이다. 대중은 지도되고 영향 받고 대표되고 조직되기 위해, 심지어 대중이기를 포기하거나 이를 열망하기 위해 이 땅에 태어났다. 그 모든 일을 몸소 하기 위해 이 땅에 태어난 것이 아니다. 대중은 자신의 삶을 우수한 소수로 구성된 상층 권위에 맡길 필요가 있다. 우수한 자들이 누구인지 자유롭게 토론할 수는 있겠지만, 그들이 없다면 인류는 본질적인 면에서 지속될 수 없다. 이것은 유럽이 명백한 진실을 외면할 수 있는지의 여부를 알아보기 위해 한 세기 내내 타조처럼 날갯죽지에 머리를 묻는다 할지라도 의심할 수 없는 사실이다. 왜냐하면 이는 다소 간헐적이고 개연적인 사실에 기초한 것이 아니라, 뉴턴의 물리학 법칙보다 더 확고한 사회적 '물리학'의 법칙에 기초를 둔 견해이기 때문이다. 진정한 철학[41] — 이것만이 유럽을 구원할 수 있다 — 이 유럽을 다시 지배하는 날이 오면, 인간이란 좋든 싫든 간에 체질적으로 상층 권위를 추구하지 않으면 안 되는 존재라는 사실을 다시 깨닫게 될 것이다. 상층 권위를 스스로 차지한다면 우수한 자가 될 것이고, 그렇지 못하면 대중으로서 우수한 자의 상층 권위를 받아들일 필요가 있다.

따라서 대중이 독자적인 행동을 시도하는 것은 자신의 운명을 거스르는 일이다. 대중이 지금 하고 있는 일이 바로 그런 것이기 때문에 내가 대중의 반역을 말하는 것이다. 진실로 반역이라고 부를 수 있는 유일한 경우는 자신의 운명을 받아들이지 않고 자기 자신을 거스르는 경우다. 천사장 루시퍼가 하나님이 되려고 하는 대신에 — 이것은 그의 운명이 아니었다 — 최하위 천사가 되려고 했다 할지라도 — 이것도 그의 운명이 아니었다 — 반역인 것은 마찬가지다. (루시퍼가 톨스토이처럼 러시아인이었다면, 그는 아마 후자의 반역을 택했을 것

---

41 플라톤이 애초 희구한 것처럼 철학의 지배를 위해 철학자들이 지배할 필요도 없고, 그가 나중에 보다 겸손하게 희구한 것처럼 통치자가 철학을 할 필요도 없다. 엄밀히 말하면 둘 다 불길한 생각이다. 철학의 지배를 위해서는 철학이 존재하는 것으로 충분하다. 다시 말해서 철학자는 철학자가 되면 충분하다. 그러나 거의 지난 한 세기 동안 철학자는 정치가, 교육자, 문학가, 과학자, 그 모든 것이었다.

이다. 이것도 전자의 엄청난 반역과 똑같이 신의 뜻을 거스르는 일이다).

대중은 독자적으로 행동할 때는 별다른 방법이 없기 때문에 사적 폭력이라는 단 하나의 방법을 사용한다. 사형법(lynch law)이 미국에서 생겨난 것은 전혀 우연이 아니다. 미국은 어떤 의미에서 대중의 천국이기 때문이다. 대중이 활개치는 요즘 폭력이 난무하고 그것이 유일한 방법이자 원리가 되었다고 해서 그리 놀랄 일은 아니다. 나는 이미 오래 전부터 폭력이 하나의 규범으로 발전해온 것에 주목해왔다.[42] 폭력의 발전은 이제 극에 달했다. 이는 그것이 곧 퇴보할 것임을 암시하기 때문에 좋은 징조라고 할 수 있다. 오늘날 폭력은 시대의 수사(修辭)가 되었으며, 쓸데없는 수사학자들이 폭력을 전유하고 있다. 한 인간의 실존이 자신의 역사를 다한 후 난파되어 사라지면 파도가 그를 수사의 해안으로 토해내고 그곳에서 시체는 오래도록 머무른다. 수사는 인간 실존들의 무덤이거나 기껏해야 양로원이다. 실존은 사라져도 이름은 남는다. 이름은 말에 불과하긴 하지만 끝까지 변함이 없고 언제나 마술적인 힘을 지니고 있다.

냉소적으로 확립된 규범이라는 폭력의 위상이 실추하는 것은 불가능하지는 않지만, 다른 형태일지라도 우리는 여전

42 『척추 없는 스페인』(제1판, 1922년) 참조.

히 그런 규범 아래에서 살아야 한다.

이제 오늘날 유럽 문명을 위협하는 최대의 위험에 관해 얘기해보고자 한다. 이 위험 역시 문명을 위협하는 다른 위험들과 마찬가지로 유럽 문명 자체에서 생겨났으며, 더구나 유럽 문명이 자랑하는 영광 가운데 하나다. 그것은 바로 근대 국가다. 여기서 우리가 마주하는 것은 앞 장에서 과학에 관해 논의한 내용의 사본이다. 즉 풍부한 과학 원리가 그 놀라운 발전을 가져왔지만, 이 발전이 불가피하게 전문화를 초래했고 이것이 과학을 질식시키고 있다는 것 말이다.

국가에서도 동일한 현상이 일어나고 있다. 18세기 말 유럽에서 국가가 무엇이었는지를 상기해보자. 그것은 대수롭지 않은 것이었다. 기술, 곧 합리화된 신기술이 최초의 승리를 거둔 초기 자본주의와 그 산업 조직을 통해 일차적인 사회 성장이 이룩되었다. 그리고 규모와 세력 면에서 기존의 계급보다 훨씬 더 강력한 새로운 사회계급인 부르주아지가 출현했다. 약삭빠른 이 부르주아지는 무엇보다도 한 가지 재능, 곧 실질적인 재능을 지니고 있었다. 그들은 자신의 운동을 조직하고 훈련시키며 일관성 있게 지속시키는 법을 알고 있었다. 그 속에서 '국가호'는 마치 대양과도 같은 위험스런 항로를 항해하고 있었다. 여기서 국가호란 자신들이 태풍을 잉태한 전능한 대양이라고 여긴 부르주아지에게서 따온 은유이다.

이 배는 보잘것없었다. 병사도 관료도 돈도 거의 없었다. 이 배는 중세에 부르주아지와는 전혀 다른 계급, 곧 용기와 지도력과 책임감을 자랑하는 귀족들에 의해 건조된 것이다. 이들이 없었다면 유럽의 국가는 존재하지 않았을 것이다. 하지만 귀족들은 그런 심적 미덕을 지니고 있었음에도 불구하고 언제나 두뇌를 제대로 사용하지 못했다. 다시 말해서 '비합리적'이라고 일컬을 수 있는 감상적이고 본능적이며 직관적인 매우 제한된 지성으로 살고 있었다. 그래서 합리성을 필요로 하는 기술을 발전시킬 수 없었다. 화약을 발명하지도 못했다. 새로운 무기를 발명할 수 없었던 그들은 부르주아지가 동양을 비롯한 여러 지역에서 화약을 가져와 사용하도록 내버려두었다. 그 결과 부르주아지는 전사 귀족, 곧 어리석게도 철갑을 두른 '기사'와의 전투에서 승리를 거두었다. 전투에서 기사는 꼼짝할 수도 없었다. 그는 전쟁에 승리하는 비결이 방어수단이 아니라 공격수단에 있다는 사실을 알지 못했다(이 비결을 재발견한 것은 나폴레옹이다).[43]

43 귀족의 패권이 부르주아지의 지배로 대체된다는 역사적 대전환의 밑그림은 랑케로부터 나온 것이다. 하지만 상징적이고 도식적인 이 진리가 완전해지기 위해서는 적지 않은 보충이 필요하다. 화약은 이미 먼 옛날부터 알려져 있었다. 화약을 총신에 장전하는 것은 롬바르디 출신에 의해 발명되었다. 하지만 이것도 탄환주조법이 발명되기 전까지는 실효성이 없었다. '귀족들'도 소량의 화기를 사용하긴 했지만 너무 비용이 많이 들었다. 경제적으로 잘 조

국가를 공공질서와 행정상의 일종의 기술이라고 한다면, '구체제'는 18세기 말에 이르면 모든 부문에 걸쳐 광범위한 반란에 시달리는 약한 국가였다. 당시 국가권력과 사회권력의 불균형이 워낙 심각했기 때문에 카롤루스 대제 시대와 비교하면 18세기 국가는 퇴화한 것처럼 보인다. 물론 카롤링거 왕조의 국가는 루이 16세의 국가보다 훨씬 약체였지만, 그에 반해 국가를 둘러싼 사회의 힘이 전무했던 것이다.[44] 프랑스혁명과 1848년까지의 혁명들을 가능하게 만든 것은 사회의 힘과 공권력간의 막대한 힘의 격차였다.

그러나 프랑스혁명을 통해 부르주아지는 공권력을 장악하

직된 부르주아 군대만이 화기를 대규모로 사용할 수 있었다. 부르고뉴의 중세식 군대로 대표되는 귀족이, 직업군인이 아닌 부르주아지로 구성된 스위스의 신식 군대에 의해 결정적인 패배를 당한 것은 틀림없는 사실이다. 이 신식 군대의 일차적인 힘은 바로 신식 훈련과 합리적인 전술 사용에 있었다.

[44] 이런 사실만이 아니라, 유럽의 절대왕정 시대가 약한 국가를 배경으로 가능했다는 점을 분명히 할 필요가 있다. 이것은 어떻게 설명될 수 있을까? 국가가 모든 권력을 지닌 '절대'국가였다면, 왜 스스로 보다 더 강해지지 못했을까? 그 원인들 가운데 하나는 이미 지적한 것처럼 기술과 합리화, 관료적 측면에 있어서 혈통 귀족의 무능력이었다. 하지만 이것이 전부는 아니다. 게다가 절대국가에서는 귀족들이 사회를 희생시키면서까지 국가를 확장시키길 바라지 않았다. 일반적으로 알려진 것과는 달리, 절대국가는 우리 시대의 민주주의 국가보다 더 사회를 본능적으로 존중했고 현명했다. 하지만 역사적 책임감은 약했다.

고 국가에 논란의 여지가 없는 가치를 부여하여 한 세대가 조금 지난 뒤에는 혁명을 종식시킬 만큼 강력한 국가를 만들어 냈다. 1848년, 곧 제2세대 부르주아 정부가 시작된 이후 유럽에는 진정한 혁명이 일어나지 않았다. 그 이유는 혁명의 구실이 없어서가 아니고 그 수단이 없었기 때문이다. 공권력의 수준이 사회권력의 수준과 동일해졌다. 혁명이여, 영원히 안녕! 이제 유럽에는 그 반대의 것, 곧 쿠데타밖에 일어날 게 없다. 그 후에 일어난 혁명처럼 보이는 사건들은 모두 위장한 쿠데타에 불과하다.

우리 시대의 국가는 완벽한 기능을 갖추고 그 수단의 양과 정확성 면에서 놀라운 효율성을 갖춘 경이적인 기계가 되었다. 국가는 사회의 한가운데 위치하고 있기 때문에 단추를 한번 누르기만 하면 거대한 지렛대들이 작동하여 사회의 모든 부문에 엄청난 파장을 불러일으킨다.

현대의 국가는 가장 가시적이고 잘 알려진 문명의 산물이다. 그래서 대중이 국가에 대해 취하는 태도를 알아보는 것은 매우 흥미롭고 시사적이다. 대중은 국가를 바라보며 찬탄한다. 그는 국가가 언제나 거기 있으면서 자신의 생명을 보호해 준다고 알고 있다. 하지만 국가가 일부 인간들이 발명한 창조물로서 과거에는 유효했지만 미래에는 사라질 수도 있는 가치와 전제들에 의해 유지된다는 사실은 모르고 있다. 다른 한편으로 대중은 국가 속에서 익명의 권력을 본다. 그리고 스스로를 익명의 보통사람이라고 보기 때문에 국가가 자신의 것이라고 생각한다. 한 국가의 사회생활에서 어려움과 갈등, 문제가 발생했다고 가정해보자. 그렇다면 대중은 국가가 즉시 개입해서 거대하고 막강한 수단을 동원해 그 문제를 직접 해결해주길 요청할 것이다.

이것이 오늘날 문명을 위협하는 최대의 위험이다. 그것은 곧 삶의 국유화와 국가 개입주의, 그리고 국가에 의한 모든 사회적 자발성의 흡수다. 다시 말해서 인간의 운명을 결정적으로 유지·양육·발전시키는 역사적 자발성의 근절이다. 대중은 어떤 불행을 느끼거나 혹은 단순히 어떤 강한 욕망을 느낄 때, 단추를 눌러 엄청난 기계를 작동시키기만 하면 — 아무런 노력과 투쟁, 의심이나 위험도 없이 — 모든 것을 영원하고도 안전하게 획득할 수 있다는 커다란 유혹에 빠진다. 대중은 "내가 곧 국가다."라고 말하지만 이것은 완전한 착각이다. 대중이 곧 국가라면, 그것은 두 사람 모두 후안(Juan ; 영어로는 John)이라고 불리지 않기 때문에 그 둘을 동일 인물이라고 말할 수 있다는 의미에서 그럴 뿐이다. 현대의 국가와 대중은 오직 익명이라는 점에서만 일치한다. 그러나 대중은 실제로 자신이 국가라고 믿고 있으며, 갈수록 어떤 구실을 붙여서라도 국가의 기능을 작동시켜서 — 정치, 이념, 산업, 그 어떤 분야에서든 — 그 기능을 마비시키려는 창조적 소수를 분쇄하려고 한다.

이런 경향은 치명적인 결과를 초래할 것이다. 국가의 개입으로 사회적 자발성은 계속 봉쇄당할 것이고 새로운 씨앗은 결코 열매를 거둘 수 없을 것이다. 사회는 국가를 위해 존재하게 되고 인간은 정부라는 기계를 위해 존재하게 된다. 더구나 국가는 자신의 실존과 유지를 생명체에 의존해야 하는 한낱 기계에 불과하기 때문에, 결국 사회의 골수를 빨아먹은 다음 말라비틀어져 해골만 앙상한 채로 죽음을 맞이할 것이다. 이는 생명체의 죽음보다도 더욱 창백한 녹슨 기계의 죽음이다.

이것이 고대 문명의 처참한 운명이었다. 율리우스와 클라우디우스 황제들이 건설한 제국이 귀족들의 공화국보다 비할 데 없이 우수하고 경탄할만한 기계였다는 사실은 의심할 바 없다. 그러나 이상한 것은 제국의 발전이 정점에 다다르자 사회가 쇠퇴하기 시작했다는 점이다. 안토니우스 황제 시대(2세기)에 이미 국가는 반(反)생명의 지상권으로서 사회를 억압한다. 사회가 노예화되기 시작하여 국가에 봉사하지 않고서는 더 이상 생존할 수 없었다. 삶이 온통 관료주의화되었다. 그 결과 어떻게 되었는가? 삶의 관료주의화는 모든 차원에서 절대적인 감소 현상을 불러일으켰다. 부가 감소하고 출산율이 줄었다. 이렇게 되면 국가는 자신의 필요를 채우기 위해 인간 실존의 관료주의화를 더욱 강화한다. 관료주의의 강화는 사회의 군대화로 나타난다. 국가가 가장 시급히 필요로 하는 것은 전쟁의 도구, 곧 군대다. 국가는 무엇보다 안전을 이룩해야 한다.(이런 안전 속에서 대중이 탄생한다는 점을 잊지 말기 바란다) 그래서 가장 시급한 것은 무엇보다도 군대다. 아프리카 출신의 세베루스 황제들은 세계를 군국주의화하려고 했다. 이 얼마나 헛된 일인가! 빈곤이 늘어나고 출산율은 갈수록 떨어졌으며 병사들마저 부족했다. 세베루스 황제들 이후에는 외국인들 중에서 군대를 모집하지 않으면 안 되었다.

이제 국가주의에서 비롯된 비극적이고도 역설적인 과정을 이해할 수 있을 것이다. 사회는 국가를 보다 나은 삶을 위한 도구로 만든다. 그 다음에는 국가가 우위를 점하고 사회는 국가를 위해 존속하기 시작한다.[45] 그래도 아직까지는 국가가 그 사회의 구성원들로 구성되어 있다. 하지만 머지않아 그들을 통해 국가를 유지하기에는 불충분해서 외국인들, 곧 처음에는 달마티아인들, 다음에는 게르만인들을 충원해야 했다. 외국인들이 국가의 주인이 되고, 본래의 인민인 사회의 구성원들은 자신들과 아무 상관없는 외국인들의 노예로 살아야 한다. 국가 개입주의는 결국 인민을 국가라는 단순한 장치와

---

[45] 셉티무스 세베루스가 아들에게 남긴 마지막 말을 상기해보라. "늘 힘을 합치고 병사들에게 급료를 주되 나머지는 신경 쓰지 마라."

기계의 먹이인 고기와 빵으로 변하게 만드는 결과를 낳는다. 해골이 주변의 고기를 먹어치운다. 건축가가 가옥의 주인이자 거주자가 된다.

이런 점을 깨닫는다면, 무솔리니가 지금 이탈리아에서 무슨 대단한 발견이라도 한 것처럼 거들먹거리며 "모든 것이 국가를 위한 것이고, 국가 외에 아무 것도 존재하지 않으며, 국가에 반하는 것은 없다."라고 외칠 때 오히려 어리둥절할 것이다. 이것만으로도 파시즘이 전형적인 대중운동이라는 것이 분명히 드러난다. 무솔리니가 발견해낸 국가는 그 자신이 만든 것이 아니라, 정확히 말해서 그가 대항하던 세력과 이념, 곧 자유민주주의가 건설해낸 것이다. 그는 단지 국가를 무절제하게 사용하려 했을 뿐이다. 여기서 그의 업적을 시시콜콜 평가하지 않더라도 현재까지 달성된 결과가 정치와 행정의 기능 면에서 자유주의 국가가 성취한 것과 비교될 수 없다는 것은 논란의 여지없이 명백하다. 뭔가 달성한 것이 있다고 할지라도 그것은 너무 미미하고 눈의 띄지 않으며 전혀 실질적인 것이 아니어서, 국가라는 기계를 극단적인 형태로 가동시켜 비정상적으로 축적한 권력을 상쇄하지 못한다. 국가주의는 일종의 규범으로 자리 잡은 폭력과 직접행동이 취할 수 있는 최상의 형태다. 대중이 자신을 위해 활동하는 것은 익명의 기계인 국가를 통해서다.

유럽 국가들은 내부의 난제들과 굉장히 심각한 경제, 법, 공공질서의 문제들에 직면해 있다. 대중의 지배 아래 국가가 개인과 집단의 독립성을 말살하고 결국 미래를 황폐화시키고 있는데 어떻게 두려워하지 않을 수 있겠는가?

이런 메커니즘의 구체적인 예를 우리는 최근 30년 동안 나타난 매우 불길한 현상들 중에서 찾아볼 수 있다. 그것은 모든 국가에서 경찰력이 엄청나게 증가했다는 것이다. 이는 사회가 성장하면서 어쩔 수 없이 생겨난 것이다. 우리가 아무리 익숙해졌다고 할지라도, 현대의 대도시 사람들이 평화롭게 산보하고 직장에 출근하기 위해 별수 없이 교통을 통제하는 경찰을 필요로 한다는 무시무시한 역설을 회피할 수는 없다. 질서를 위해 만들어진 이런 공공질서 세력이 언제나 '질서'를 갈구하는 사람들의 기대를 실현시키는 데 만족할 것이라고 보는 것은 순진한 생각이다. 그들은 결국 불가피하게 자신들의 마음에 드는 방식으로 자신들이 유지해야 할 질서를 스스로 정의하고 결정할 것이다.

이런 문제는 상이한 유형의 사회가 공적 필요성에 대응하는 상이한 방식을 살펴보는 데 도움을 준다. 1800년경 새로운 산업이 종래의 인간보다 범죄 성향이 더욱 강한 인간 — 산업노동자 — 을 만들어내기 시작하자 프랑스는 서둘러 경찰력을 증원했다. 1810년경 영국에서도 같은 이유로 범죄가 증가하기 시작했고, 그러자 갑자기 영국인들은 자국에 경찰이 없다는 것을 깨달았다. 당시 집권세력은 보수주의자들이었다. 어떻게 했을까? 경찰을 창설했을까? 그렇게 하지 않았다. 할 수 있는 데까지 범죄를 견뎌내기로 했다. "사람들은 무질서를 자유의 대가라고 생각하고 그냥 체념해버린다." "파리에는 훌륭한 경찰이 있지만 그에 대한 값비싼 대가를 치르고 있다. 나는 가택수색과 감시, 푸셰의 갖은 음모에 시달리는 것보다는 랫클리프 로드에서 3년 내지 4년마다 6명 정도의 목이 잘려나가는 것이 더 낫다고 본다."라고 존 윌리엄 와드(John William Ward)는 쓰고 있다.[46] 이는 두 가지 상반되는 국가 이념이다. 영국인은 국가를 제한하길 원한다.

[46] 엘리 알레비 (Elie Halévy)의 『19세기 영국 인민의 역사 Histoire du peuple anglais au XIX』(1권, 1912, 40쪽) 참조.

2부
누가 세계를 지배하는가

14장 누가 세계를 지배하는가

거듭 반복한 대로, 유럽 문명은 자동적으로 대중의 반역을 불러왔다. 겉에서 보면 이 반역은 더할 나위 없는 현상을 제시해준다. 그것은 이미 지적한 대로, 대중의 반역이 우리 시대에 등장한 인간 삶의 엄청난 성장과 동일한 것이라는 점이다. 그러나 동일한 현상의 이면은 두려움을 안겨준다. 이런 측면에서 보면 대중의 반역이란 인류의 철저한 타락과 다르지 않다. 이제 이점을 새로운 관점에서 살펴보자.

1

새로운 역사 시대의 본질이나 특징은 인간과 인간 정신의 내적인 변화나 형식적이고 기계적인 외적인 변화에서 비롯된다. 후자 가운데서 가장 중요한 것은 의심할 나위 없이 권력의 교체다. 그런데 이 권력의 교체가 곧 정신의 교체를 수반한다.

따라서 한 시대를 이해하려는 관점에서 살펴볼 때, 우리가 제일 먼저 던져야 할 질문 가운데 하나는 "누가 세계를 지배하는가?"여야 한다. 인류가 여러 지역으로 흩어져 상호 교류 없이 서로 독립적인 내부 세계를 이루고 있을 수도 있다. 밀티아데스 시대의 지중해 세계는 극동 세계의 존재를 알지 못했다. 이런 경우 우리는 각 개별 집단에게 "누가 세계를 지배하는가?"라는 질문을 던져야 한다. 그런데 전인류는 16세기부터 거대한 통일 과정에 진입하여 오늘날 그 정점에 도달했다. 인류는 이제 서로 격리되어 떨어져 살지도 않고 인류의 섬들도 존재하지 않는다. 따라서 16세기부터는 세계를 지배하는 자가 전인류에 대해 사실상 권위 있는 영향력을 행사했다고 말할 수 있다. 유럽인들로 구성된 동질적인 집단이 지난 3세기에 걸쳐 행한 역할이 바로 이런 것이었다. 유럽이 지배했고 세계는 그 통일된 지배 아래 단일한 양식으로 살거나 적어도 점차 통일되어 가는 양식으로 살았다.

이런 생활양식을 흔히 '근대'라고 하는 불투명하고 불명확한 명칭으로 부른다. 이 명칭 속에는 유럽의 헤게모니 시대라는 현실이 감추어져 있다.

여기서 말하는 '지배'는 본질적으로 물질적인 힘이나 물리적인 강제력 행사를 의미하지 않는다. 여기서 군이 이렇게 말하는 이유는 어리석음을, 적어도 가장 명백한 어리석음을 피하고 싶어서다. '지배자'라고 불리는 사람들 간의 안정된 정상적인 관계는 결코 힘에 달려 있는 것이 아니라 오히려 그 반대다. 왜냐하면 지배권을 행사하는 한 사람 혹은 일군의 사람들이 '힘'이라고 불리는 사회 기구 내지 사회 기계를 마음대로 사용하기 때문이다. 얼핏 보면 힘이 지배의 기초인 것처럼 보이는 경우들도 더 자세히 살펴보면 앞의 주장을 뒷받침해주는 가장 좋은 예가 된다. 나폴레옹이 스페인을 침략하여 그 상태를 한동안 유지했지만 그는 진정 단 하루도 스페인을 지배하지 않았다. 왜냐하면 그는 힘을 갖고 있긴 했지만 오직 힘밖에 갖고 있지 않았기 때문이다. 침략 혹은 침략의 과정과 지배 상태는 구분할 필요가 있다. 지배는 정상적인 권위 행사다. 그것은 언제나 여론에 기초한다. 오늘날이나 1만 년 전이나, 영국인이나 부쉬맨이나 항상 마찬가지다. 지금까지 여론 이외의 다른 것에 근거하여 지배권을 행사한 사람은 이 지구상에 아무도 없다.

여론의 주권은 1789년 변호사 당통이 발명했을 수도 있고, 13세기에 성 토마스 아퀴나스가 발명했을 수도 있다. 이 주권이라는 개념은 언제 어디서든 발견할 수 있다. 그러나 여론이 인간 사회에 지배 현상을 만들어내는 근본적인 힘이라는 것은 인간 자신만큼이나 오래되고 영원한 사실이다. 뉴턴의 물리학에서도 운동을 만들어내는 힘은 중력이다. 여론 법칙은 정치사의 만유인력이다. 이것이 없으면 역사학도 불가능하다. 따라서 흄이 매우 예리하게 지적했듯이, 역사학의 주제는 여론의 주권을 유토피아적인 열망으로 취급하는 것이 아니라, 그것이 언제 어느 때 어떻게 인간 사회에 현실화되었는지를 보여주는 것이다. 친위대를 통해 지배하는 자도 친위대의 여론과 친위대에 대한 주민들의 여론을 따랐던 것이다.

사실 친위대로는 지배할 수가 없다. 탈레랑(Talleyrand)도 나폴레옹에게 "폐하, 총검으로 무슨 일이든 다 하실 수 있습니다만 그 위에 앉을 수는 없습니다."라고 말했다. 지배한다는 것은 권력을 탈취하는 것이 아니라 그것을 조용히 행사하는 것이다. 요컨대 지배한다는 것은 왕위, 고관, 의회 각료, 주교의 자리에 오르는 것이다. 지배한다는 것은 소설의 천진난만한 시각이 상정하는 것과 달리 주먹의 문제라기보다는 자리의 문제. 국가란 결국 여론의 상태이자 균형의 상태, 정적인 상태다.

그런데 문제는 이따금씩 여론이 존재하지 않을 때도 있다는 것이다. 사회가 여론의 힘을 상쇄시키는 몇 개의 반목하는 집단들로 나뉘게 되면 하나의 지배권이 구성되지 않을 수도 있다. 여론의 지지를 받지 못해 생겨난 이 공백 상태는 자연이 진공 상태를 못 견뎌 하듯이 이내 난폭한 세력으로 채워진다. 결국 난폭한 세력이 여론 부재 세력을 대신한다.

따라서 여론 법칙을 역사의 중력 법칙으로 엄밀하게 정의하고 싶다면 여론 부재의 경우를 고려해야 한다. 그래야 여론을 거슬러 지배할 수 없다는 주지의 유서 깊은 공식에 이를 수 있다.

이는 지배라는 것이 하나의 여론, 곧 하나의 정신의 우세를 의미하고, 그것이 결국 정신적인 권력과 다르지 않다는 사실을 알게 해준다. 역사적 사실은 이 점을 빈틈없이 증명해준다. 원시적인 지배는 그것이 종교성에 기초를 두고 있기 때문에 모두 '신성한' 성격을 지닌다. 종교성은 최초의 형태로서, 여기서 나중에 정신과 이념, 견해, 요컨대 비물질적이고 형이상학적인 것이 등장한다. 중세에는 이와 동일한 현상이 대규모로 확산되었다. 유럽에서 형성된 최초의 국가 혹은 공적 권위는 '정신권력'이라는 이름의 특수한 성격을 지닌 교회였다. 정치권력은 자신도 원래는 일부분 이념 중심의 정신권력이라는 사실을 교회에서 배우고 신성 로마제국을 건설한다. 그래서 둘 다 동일한 정신권력이기 때문에 서로 투쟁하고, 둘 다 정신으로서 본질적인 차이를 구분할 수 없었기 때문에 현세

적 시간과 영원한 시간 중에서 각자 거주지를 정하기로 합의
했다. 현세 권력과 종교 권력은 모두 동일한 정신권력이다.
그러나 전자는 시간의 정신 — 이 세상의 변화하는 여론 —
인 반면에, 후자는 영원의 정신 — 신의 견해, 곧 신이 인간과
그의 운명에 대해 생각하는 견해 — 이다.

따라서 어떤 인간이나 민족 혹은 어떤 동질적 집단이 주어
진 시대를 지배했다는 말은 특정한 여론 체계 — 사상, 편애,
열망, 목적 — 가 당시의 세계를 지배했다는 말과 같다.

이 여론의 지배라는 말을 어떻게 이해해야 할 것인가? 대
부분의 사람들은 견해가 없어서 마치 기계에 윤활유를 치듯
이 견해를 외부에서 주입시켜줄 필요가 있다. 따라서 정신 —
어떤 정신이든 간에 — 이 권력을 갖고 견해가 없는 사람 —
사실상 대다수 — 이 견해를 갖도록 권력을 행사할 필요가
있다. 견해가 없다면 인간의 공동생활은 혼란과 역사적인 공
허에 빠질 것이다. 견해가 없다면 인간들의 삶은 구조와 유기
성을 상실할 것이다. 따라서 정신권력이 없고 아무도 지배하
는 사람이 없다면, 그리고 그런 것이 부족하면 할수록 혼란이
인류를 지배할 것이다. 이와 마찬가지로 권력이나 지배자의
교체는 동시에 여론의 교체를 의미하고, 그 결과 역사적 중력
의 교체를 의미한다.

이제 처음으로 돌아가 보자. 수세기 동안 유사한 정신을

가진 민족 집단이 유럽 세계를 지배해왔다. 중세에는 아무도 현세적 세계를 지배하지 않았다. 이는 역사상 모든 중세에 나타난 현상이다. 따라서 이 시대는 언제나 상대적 무질서와 상대적 야만, 여론 결핍을 상징한다. 이 시대는 사랑하고 미워하며 열망하고 반발하는 시대이고 이 모든 것이 대규모로 나타난 시대다. 반면에 견해는 거의 없었다. 그렇다고 해서 즐거움이 없었던 것은 아니다. 그러나 위대한 시대에는 인간이 견해를 갖고 살며 그래서 질서가 존재한다. 중세 이전에도 비록 세계의 일부를 지배한 것이긴 하지만 근대처럼 지배자가 존재하는 시대를 발견할 수 있다. 그것은 위대한 지배자 로마였다. 로마는 지중해와 그 주변 지역에 질서를 수립했다.

제1차 대전 이후 근래에는 유럽이 더 이상 세계를 지배하지 않는다고 말하기 시작한다. 하지만 그런 진단이 내포한 중대한 의미를 알고 있을까? 이는 권력의 교체를 암시하는 것이다. 권력이 어디로 이동하는가? 누가 유럽에 이어 세계를 지배하는가? 그런데 누군가가 유럽의 뒤를 잇는다는 것은 확실한가? 만일 아무도 없다면 어떻게 되는가?

세계에는 틀림없이 매순간마다 사건이 일어난다. 지금 이 순간에도 무수한 사건들이 발생하고 있다. 따라서 지금 세계에서 일어나고 있는 것에 대해 말하겠다고 하는 것은 자신을 우롱하는 것으로 이해해야 한다. 현실의 모든 것을 직접 안다는 게 불가능하기 때문에 하나의 현실을 임의로 재구성하고 사물을 하나의 방식으로 설정하는 길밖에는 없다. 이는 우리에게 하나의 도식, 곧 하나의 개념이나 개념들의 윤곽을 제공해준다. 우리는 마치 모눈을 통해 사물을 보듯이 이 개념을 통해 실제 현실을 본다. 그럴 때라야 비로소 현실의 개략적인 모습을 알 수 있다. 이것이 과학적인 방법이다. 더 나아가 모든 지성의 사용도 마찬가지다. 정원의 오솔길을 따라 오는 친구를 보면서 '베드로'라고 부를 때, 고의든 역설적이든 우리는 잘못을 범한다. 왜냐하면 베드로는 신체적·도덕적 행동양식의 복합체 — 인격이라고 부르는 것 — 를 의미하기 때문이다. 그리고 사실 현실의 친구 베드로가 경우에 따라서는 '친구 베드로'라는 관념과 전혀 닮지 않을 수도 있다.

매우 전문적인 것이든 대중적인 것이든 모든 개념은 마치 기하학적으로 깎인 다이아몬드가 금으로 된 받침대 위에 올려져 있는 것처럼 그 자체의 역설을 담고 있다. 개념은 매우 진지하게 "이것은 A이고 저것은 B이다."라고 얘기한다. 그러나 이것은 미소 없는 차가운 핀셋의 진지함이다. 이것은 폭소를 참느라고 입을 다문 사람의 불안정한 진지함이다. 입술을 꼭 다물지 않으면 폭소가 터진다. 개념은 이것이 A가 아니고 저것이 B가 아니라는 것을 매우 잘 안다. 그것도 곧바로 주저하지 않고. 개념이 엄밀하게 생각하는 것은 실제로 말하는 것과는 약간 다르다. 이런 이중성에 역설이 놓여 있다. 개념이 실제로 생각하는 것은, 엄밀히 말해서 이것은 A가 아니고 저것은 B가 아니라는 것을 내가 안다는 것이다. 하지만 A와 B라고 다루면서 나는 그것들을 나의 목적과 관련시켜 이해하고 그에 대한 실제적인 태도를 취한다.

이런 이성 인식론은 아마도 그리스인을 자극할 것이다. 왜냐하면 그리스인은 이성과 개념 속에서 현실 자체를 발견했다고 생각하기 때문이다. 반면에 우리는 이성이나 개념을, 끝없이 복잡한 삶의 현실 속에서 인간이 자신의 처지를 파악하기 위해 사용하는 하나의 익숙한 도구라고 생각한다. 삶이란 사물들 속에서 자신을 유지시켜나가기 위한 투쟁이다. 개념이란 공격에 대비하기 위해 만든 작전 계획이다. 따라서 어떤 개념이라도 그 내면을 자세히 들여다보면, 사물 자체에 대해서는 아무 것도 말해주지 않고, 인간이 그 사물과 더불어 할 수 있는 것과 그것으로 피해를 볼 수 있는 것에 관해 말해준다는 사실을 알게 된다. 모든 개념에 항상 생명력이 존재하고 인간에게 행동이나 피해를 유발하기도 한다는 이런 견해를 주장한 사람은 내가 알기에는 아직까지 아무도 없다. 그러나 나는 이것이 칸트로부터 시작된 철학적 사유과정의 확실한 종착점이라고 생각한다. 따라서 이런 점에 비추어 칸트에 이르는 모든 철학사를 검토해보면, 모든 철학자들은 본질적으로 동일한 것을 말하는 것처럼 보인다. 따라서 철학적인 발견은 모두 심층에 있는 것을 표면으로 끌어내는 일, 덮개를 벗기는 일에 불과하다.

하지만 이런 식의 서론은 내가 말하고자 하는 철학적인 문제와 거리가 멀고 너무 거창한 것이다. 나는 다만 지금 세계 — 역사적인 세계 — 에서 일어나고 있는 것이 바로 다음과 같은 사실, 곧 지난 3세기 동안 유럽이 세계를 지배해왔지만 이제는 지배하고 있지도 않고 계속 지배할 것 같지도 않다는 사실을 말하고 싶었다. 현대의 역사 현실을 구성하는 무한한 사물들을 이렇듯 단순한 문구로 환원시키는 것은 아무래도 틀림없이 과장일 것이다. 그래서 좋든 싫든 생각한다는 것은 과장한다는 것이라는 사실을 상기시킬 필요가 있었다. 과장하고 싶지 않은 사람은 침묵을 지켜야 한다. 더 나아가 지성을 마비시켜 백치가 되는 법을 찾아야 한다.

나는 앞서 얘기한 사실이 지금 세계에서 실제로 일어나고 있는 것이며, 나머지는 모두 그 결과이자 조건이고, 징후이거나 에피소드라고 생각한다.

나는 유럽이 지배를 중단했다고 말하지 않았고, 엄밀하게 말해서 유럽이 과연 지배하고 있는 것인지, 계속 지배할 것인지에 대해 심각한 회의를 느끼고 있다고 말했다. 이런 식의 정신 상태는 지구상의 다른 민족들에게도 해당된다. 그들도 현재 누구의 지배를 받고 있는지 의아해 한다. 그들도 확신이 없다.

최근 유럽의 몰락을 두고 많은 논란이 벌어졌다. 나는 단지 유럽이나 서구의 몰락을 얘기한다고 해서 슈펭글러를 떠올리는 순진한 과오를 범하지 않기를 진심으로 바란다. 그의 책이 등장하기 전에 모든 사람들이 이미 그것을 화제로 삼고 있었고, 그의 책이 성공을 거둔 것도 — 잘 알려져 있듯이 그 의미와 이유는 매우 다양할지라도 — 그런 의혹과 염려가 모든 사람들 가운데 이미 존재하고 있었기 때문이다.

유럽의 몰락은 큰 화제 거리가 되었고, 많은 사람들이 그것을 하나의 사실로 생각하게 되었다. 진지하게 근거를 갖고 생각한 것이 아니라, 언제부터 그렇게 확신했든지 제대로 기억하지도 못하면서 확실한 것이라고 생각하는 데 익숙해졌다. 왈도 프랭크(Waldo Frank)의 최근 저서 『아메리카의 재발견 *The Rediscovery of America*』은 순전히 유럽이 고민하고 있다는 가정에 근거를 둔 것이다. 그러나 그는 이렇듯 놀라운 전제를 제공해주는 엄청난 사실에 대해 분석이나 논란은커녕 의문도 제기하지 않았다. 그는 별다른 조사도 해보지 않고 마치 확실한 것처럼 그런 가정에서 출발했다. 프랭크가 이렇듯 순진한 출발을 했다는 것은 그가 유럽의 몰락을 확신하지 않을 뿐만 아니라 문제의식도 갖고 있지 않다는 것을 보여준다. 그는 마치 전차에 올라타듯이 이 문제를 다루었다. 흔히 사용하는 상투어는 지식을 수송하는 전차다.

다른 많은 사람들도 프랭크와 마찬가지다. 민족들, 온전한 민족들도 마찬가지다.

지금 세계가 보여주는 것은 마치 어린아이들의 풍경과 같다. 학교에서 누군가가 선생님께서 나가셨다고 알려주면 아이들은 일어나 난장판을 벌인다. 모두들 선생님의 존재가 준 압박감에서 해방되어 규칙의 멍에를 벗어 던지고 길길이 날뛰며 자기 운명의 주인이 된 것 같은 기쁨을 만끽한다. 어린아이들에게는 공부와 일을 규제하는 규칙이 없기 때문에 본래의 일과 형식적인 일, 연속적이고 체계적인 의미 있는 일이 없어진다. 그래서 그들은 오로지 난장판을 벌이는 일밖에 할 게 없다.

미숙한 민족들이 보여주는 경박한 모습은 개탄스럽다. 중소 국가들은 유럽이 몰락하고 지배를 중단했다고 하니까 껑

충껑충 뛰며 팔을 흔들어대고 물구나무를 서거나 자신들의 운명을 지배하는 어른의 흉내를 내며 우쭐해한다. 도처에 등장하는 세균 같은 '민족주의'의 파노라마가 여기에서 나온다.

나는 앞장에서 대중이라고 명명한 오늘날의 세계를 지배하는 새로운 유형의 인간을 설명하려고 했다. 그리고 그 주요 특징이 스스로 평범하다고 생각하면서 평범함의 권리를 주장하고 상층 권위를 인정하지 않는 것이라고 지적했다. 각 민족마다 이런 존재 방식이 지배적이라면, 국가들 전체를 볼 때도 동일한 현상이 나타나는 것은 자연스런 일이다. 역사를 이끌어온 소수의 위대한 창조적 민족에 대해 반역을 일으키기로 결심한 대중민족이 있다. 일부 소국가들이 길 없는 모퉁이에서 발끝으로 서서 유럽을 탄핵하고 세계사에 대한 유럽의 면직을 선언하는 모습을 생각할 때 우습기 짝이 없다.

그 결과는 어떻게 될 것인가? 유럽은 하나의 규범 체계를 만들어내 그 효율성과 생산성을 수세기에 걸쳐 보여주었다. 이 규범은 최상의 것이 아니지만 그렇다고 형편없는 것도 아니다. 그러나 다른 규범이 존재하지 않거나 모습을 드러내지 않는 동안에는 그것이 틀림없이 결정적인 것이다. 이것들을 능가하기 위해서는 다른 규범을 만들어내는 게 필수적이다. 그런데 대중민족은 유럽 문명이라는 규범 체계가 효력을 상실했다고 결의하긴 했지만, 다른 체계를 만들어낼 능력이 없기 때문에 무엇을 해야 좋을지를 모르며 시간을 때우기 위해 난장판을 벌이는 일에 몰두한다.

이것이 누군가가 세계를 지배하지 않게 될 경우 일어나는 최초의 결과다. 곧 사람들은 반역을 꾀하면서 일도 없고 삶의 계획도 없는 상태에 빠진다.

3

한 집시가 고해를 하러 갔는데 용의주도한 신부가 그에게 하나님의 법인 십계명을 아느냐고 물었다. 그 말에 집시는 "그런데요 신부님, 제가 그걸 배우려고 했습니다만 폐지될 거라는 소문을 들었습니다."라고 대답했다.

이것이 현재의 세계정세가 아닌가? 이제 유럽의 계명이 지배하지 않는다는 소문이 돌고 있다. 그래서 사람들 — 개인과 민족 — 은 계명 없이 살 기회를 즐기고 있다. 오직 유럽의 계명만 존재했기 때문이다. 문제는 새로운 규범의 탄생이 옛 것을 대체하고 새로운 열정이 그 뜨거운 열기 속에서 식어가는 옛 정열을 삼켜버리는 것이 아니다. 그것은 자연스런 흐름이다. 더구나 옛 것은 그 자체의 노쇠함 때문이 아니라 이미 새로운 원리가 존재하기 때문에 낡은 것이 된다. 새로운 원리가 생기기만 하면 선행 원리는 곧 노화된다. 만일 우리에게 자녀가 없다면 우리는 노화되지 않거나 혹은 노화되는 데 더 많은 시간이 걸릴 것이다. 생산품의 경우도 이와 동일하다. 10년 전의 자동차가 20년 전의 기관차보다 더 낡아 보인다. 이는 단순히 자동차 생산기술이 더 빠른 속도로 발전했기 때문이다. 새로운 청년의 출현으로 생기는 노화는 건강한 증상이다.

그러나 지금 유럽에서 일어나고 있는 일은 건강하지 못한 기이한 것이다. 다른 계명이 등장하지 않았는데도 유럽의 계명이 효력을 상실해버렸다. 유럽이 지배를 중단했는데 ─ 사람들이 그렇게 얘기한다 ─ 그것을 대체할 수 있는 것은 보이지 않는다. 여기서 유럽이란 무엇보다 그리고 본래 프랑스와 영국과 독일 3개국을 의미한다. 이들 3개국이 차지한 지역에서 하나의 생활방식이 성숙했고 세계는 그에 따라 조직되었다. 지금 얘기되는 대로 이들 3개국이 몰락 중에 있고 그들의 생활방식이 효력을 상실했다면 세계가 타락하는 것은 이상한 일이 아니다.

그리고 이것은 명백한 사실이다. 전세계 ─ 국가든 개인이든 ─ 가 타락한 상태다. 이런 타락이 한동안은 즐겁게 해주고 심지어 막연한 환상을 심어줄 수 있다. 하급자들은 무거운 짐이 사라졌다고 생각한다. 십계명은 돌이나 청동에 새겨질 때부터 무거운 성격을 지니고 있었다. '명령하다'라는 말은 어원상 사람의 손에 뭔가를 올려놓는 것을 의미한다. 명령하는 사람은 예외 없이 귀찮은 존재다. 전세계의 하급자들은 자신들에게 부과되고 맡겨진 것에 이미 싫증을 낸 상태고, 부담스런 명령에서 해방된 지금 축제 분위기를 즐긴다. 그러나 축제는 얼마 지속되지 않는다. 일정한 방식으로 살도록 강제하는 계명이 없다면 우리의 삶은 완전히 제멋대로의 상태에 놓인다. 이것이 세계의 우수한 청년들이 직면한 무시무시한 상황이다. 속박 없는 완전한 자유는 공허감으로 이어진다. 제멋대로의 삶은 죽음보다도 더 큰 자기 자신에 대한 부정이다. 왜냐하면 산다는 것은 뭔가 특정한 것을 해야 — 임무를 성취해야 — 하는 것이고, 우리가 우리 삶에서 어떤 짐을 짊어지길 회피하면 회피할수록 삶은 공허해지기 때문이다. 얼마 안 있어 지구상에는 마치 무수히 많은 개들이 짖어대는 것처럼 별나라까지 올라갈, 누군가에게 그리고 뭔가에 지배해달라고, 할 일과 의무를 부과해달라고 요청하는 무서운 외침이 들려올 것이다.

어린아이들처럼 아무 생각 없이 유럽이 이제 지배자가 아니라고 전하는 사람들에게 나는 이렇게 말하고 싶다. 지배한다는 것은 사람들에게 일거리를 주는 것이고, 그들을 자신들의 운명과 궤도로 끌어들이는 것이며 방종을 막아주는 것이다. 방종은 흔히 방황과 공허, 황폐로 이어지기 쉽다.

누군가 유럽을 대신할 수 있다면 유럽이 지배를 중단한다는 것은 별로 중요하지 않을 것이다. 그러나 그럴 기미는 보이지 않는다. 뉴욕과 모스크바는 유럽에 비해 전혀 새롭지 않다. 그 둘은 모두 유럽의 계명의 일부여서 나머지와 분리된다면 그 의미를 상실해버릴 것이다. 사실 뉴욕과 모스크바를 운운한다는 것은 소름이 끼친다. 왜냐하면 어느 누구도 그 둘을 완전히 알지 못하기 때문이다. 다만 그에 대해 아직 결정적인 내용이 논의되지 않았다는 사실만 알뿐이다. 하지만 그에 대해 잘 알지는 못한다 하더라도 그 일반적인 성격을 충분히 이해할 수는 있다. 사실 이 둘은 내가 몇 차례 '역사의 위장 현상'이라고 불러온 것과 전적으로 일치한다. 위장이란 본질적으로 실제를 보이지 않게 한다는 것이다. 위장은 실체를 드러내지 않고 그것을 가린다. 그래서 대부분의 사람들을 속인다. 일반적으로 위장이 존재한다는 사실을 사전에 아는 사람만이 위장이 연출하는 속임수를 벗어날 수 있다. 신기루에 대해서도 이와 동일한 현상이 일어난다. 개념은 우리의 시각을 바로잡아준다.

역사의 위장 현상에는 두 가지 실재가 겹쳐 나타난다. 하나는 심층적이고 현실적이며 본질적인 실재이고, 다른 하나는 외형적이고 우연적이며 표면적인 실재다. 모스크바에는 유럽의 현실과 문제를 해결하기 위해 유럽에서 형성된 유럽 사상 — 마르크스주의 — 의 장막이 존재한다. 그 장막 이면 에는 인종적으로 유럽인과 다를 뿐만 아니라 우리와 연령도 다른 — 이것은 훨씬 더 중요한 사실이다 — 민족이 있다. 이 민족은 아직도 성장 중에 있는, 다시 말하면 젊은 민족이다. 산업이 부재한 러시아에서 마르크스주의가 승리를 거둔다면 그것은 마르크스주의와 관련해서 일어날 수 있는 최대의 모 순이 될 것이다. 하지만 그런 승리가 없었기 때문에 그런 모 순은 발생하지 않았다. 러시아인은 마치 신성로마제국의 독 일인들이 로마인들인 것처럼 얼추 마르크스주의자다. 새 민 족들에게는 사상이 없다. 옛 문화가 이미 존재하고 있거나 그 것이 이제 막 등장하는 환경에서 그런 민족들이 성장할 경우, 그들은 옛 문화가 제공하는 사상으로 자신들의 얼굴을 가린 다. 여기에 바로 위장과 위장의 이유가 존재한다. 이미 몇 차 례 지적했듯이, 민족에는 두 가지 커다란 발전 유형이 있다. 먼저 문명이 전혀 부재한 세계에서 탄생하는 민족이 있다. 이 를테면 이집트나 중국 민족이 그렇다. 이렇게 탄생한 민족의 경우에는 모든 것이 토착적이다. 그래서 그 표정이 직접적인 분명한 함의를 지닌다. 그러나 이미 오랜 역사의 문화가 지배 하는 환경에서 탄생하여 발전하는 민족들도 있다. 이를테면 로마가 그렇다. 로마는 그리스-오리엔트 문명이 용해된 지중해에서 탄생했다. 따라서 로마인들의 표정의 절반은 자신들의 것이 아니라 습득한 것이다. 배워서 습득한 표정은 언제나 이중성을 지닌다. 그 진짜 의미는 똑바르지 않고 삐딱하다. 습득한 표정 — 이를테면 외국어 — 을 짓는 사람은 속으로는 자신의 진정한 표정이 따로 있다. 이를테면 외국어를 모국어로 번역한다. 따라서 위장을 이해하기 위해서는 곁에 사전을 두고 본문을 해석하는 사람의 시선인 삐딱한 시선을 갖는 게 필요하다. 나는 스탈린의 마르크스주의를 러시아 역사로 번역해내는 책이 나오기를 바란다. 왜냐하면 그것이 갖는 힘은 그것이 러시아의 것이라는 데 있는 것이지, 공산주의자의 것이라는 데 있는 것이 아니기 때문이다. 일이 어떻게 될지 누가 알겠는가! 다만 확신할 수 있는 하나는 러시아가 지배자가 되기 위해서는 아직도 수세기가 필요하다는 것이다. 아직 계명이 없기 때문에 러시아는 마르크스의 유럽식 원리에 속한 것처럼 보일 필요가 있었을 뿐이다. 러시아는 젊음이 넘쳐나기 때문에 그런 허구에 만족할 수 있었다. 젊은이는 살 이유를 필요로 하는 것이 아니라 다만 그 구실을 필요로 할 뿐이다.

뉴욕에서도 이와 매우 유사한 일이 일어나고 있다. 오늘날 뉴욕의 힘을 뉴욕이 숭배하는 계명의 덕으로 돌리는 것 또한 잘못이다.

그 계명들은 결국 기술로 귀결된다. 얼마나 이상한가! 기술은 미국이 아니라 유럽의 발명품이다. 기술은 18세기와 19세기에 걸쳐 유럽에 의해 발명되었다. 얼마나 이상한가! 이 시기는 미국이 탄생한 시기이다. 또한 미국의 본질은 실용주의적이고 기술적인 생활 개념이라고 정색을 하며 말하기도 한다. 그러나 오히려 미국은 여느 식민지와 마찬가지로 고대 인종, 특히 유럽이 재생하거나 회춘한 것이라고 봐야 할 것이다. 미국은 러시아와는 다른 이유에서이긴 하지만 그와 마찬가지로 우리가 '새 민족'이라고 부르는 특수한 역사적 실재를 보여주기도 한다. 이는 사람의 청춘만큼이나 매우 실재적인 것임에도 불구하고 그것을 한낱 말에 불과한 것으로 생각하기도 한다. 미국은 젊음 때문에 강하다. 미국은 마치 불교가 당시의 계명이라면 그것을 숭배하는 데 젊음을 바쳤을 것처럼 현대의 '기술' 계명을 숭배하는 데 그 젊음을 바쳤다. 그러나 미국은 이를 통해 자신의 역사를 시작한 것에 불과하다. 고민과 알력과 갈등은 이제 시작이다. 아직도 많은 것을 겪어야 한다. 그 가운데는 기술과 실용주의에 정면 배치되는 것도 있다. 미국은 러시아보다 어리다. 과장이 아닐까 우려하면서도 나는 언제나 미국은 최근의 발명들로 위장된 원시 민족이라고 주장해왔다.[47] 프랭크는 이 점을 『아메리카의 재발견』을 통해 공개적으로 지적했다. 미국은 아직도 고생을 겪지 않았다. 미국이 지배의 덕을 소유할 수 있다고 생각하는 것은 환상이다.

　아무도 지배하지 않아서 역사 세계가 또 다시 혼란에 빠질 것이라는 비관적인 결론에 빠지는 것을 피하고 싶은 사람은, 출발점으로 되돌아가서 흔히 말하는 것처럼 유럽이 몰락하여 지배를 포기하고 퇴위한다는 것이 정말 확실한 것인지, 이 외견상의 몰락이 유럽을 문자 그대로 유럽답게 만드는 좋은 위기는 아닌지, 그리고 언젠가 다수의 유럽 국가들이 공식적인 통일을 달성하여 유럽연방을 창설하는 게 가능해질 경우를 위해 유럽 국가들의 확실한 몰락이 사전에 필요한 것은 아닌지 진지하게 자문해봐야 한다.

4

　지배와 복종의 기능은 어느 사회에서나 중요하다. 사회에서 누가 지배하고 누가 복종하는지의 문제가 불확실하면 나머지 문제도 어설프고 문란해진다. 특별한 경우를 제외하고는 각 개인의 가장 깊은 내면마저도 혼란스러워지고 왜곡된

47 『관객』 제7권(1930년, 『전집』 제2권)의 「헤겔과 아메리카 Hegel y America」 참조.

다. 만일 인간이 타인들과 우연히 공존하는 고독한 존재라면, 아마도 지배세력과 권력의 위기나 교체로 말미암은 이런 영향은 받지 않을지도 모른다. 그러나 인간은 그 본질적인 구조상 사회적이기 때문에 단지 집단에 직접적인 영향을 줄뿐인 변화에 의해서도 개인의 내면은 혼란에 휩싸인다. 따라서 개인을 따로 떼어내어 분석할지라도 다른 자료의 도움 없이 그 나라의 지배와 복종 의식이 어떤지를 추정할 수 있다.

평균 스페인인의 개성을 이런 방식으로 조사해본다면 흥미도 있고 유용하기도 할 것이다. 하지만 이런 작업은 귀찮은 일이며 유용할지는 모르겠지만 우울한 일이기에 생략해야겠다. 그러나 그것은 스페인이 지배와 복종의 문제에 있어 수세기 전부터 더러운 양심으로 살아온 국가라는 사실이 평균 스페인인 가운데 엄청난 타락과 퇴폐를 불러일으켰다는 점을 보여줄 것이다. 타락이란 다름 아니라 부당한 것으로 보이는 것과 변칙적인 것을 상습적이고 체질적인 것으로 받아들이는 것이다. 본질이 불법이고 비정상인 것을 정상으로 전환시키는 것이 불가능하기 때문에 개인은 부당한 것에 자신을 적응시키고 스스로 범죄나 변칙적인 것과 동질화한다. 이것은 "한 마디의 거짓말이 백 마디의 거짓말을 만든다."라는 대중 속담이 암시하는 것과 유사한 메커니즘이다. 어느 나라나 지배해서는 안 될 사람이 지배를 시도한 시대가 있었다. 그러나 강력한 본능을 통해 그들의 에너지를 집결시켜 변칙적인 지배권을 분쇄시켰다. 그리고 일시적인 변칙성을 거부하고 공공의 도덕을 재확립했다. 그러나 스페인인은 이와 반대였다. 즉 내면의 양심이 거부하는 자의 지배에 반기를 드는 대신에, 최초의 속임수에 적응하기 위해 자신의 나머지 전체를 왜곡시키는 길을 선택했다. 이런 일이 지속되는 한 스페인인들에게서 뭔가를 기대한다는 것은 허사다. 국가가 본래부터 허위투성이인 사회는 역사 속에서 품위를 유지하는 힘든 과업에 탄력적인 힘을 쏟을 수가 없다.

따라서 누가 세계를 지배하는지에 대해 약간의 의문이나 단순한 동요가 일어날 경우 모든 사람들이 — 공적 생활과 사적 생활에서 — 타락하기 시작한다고 해서 이상한 것은 하나도 없다.

인간의 삶은 영광스런 것이든 소박한 것이든, 찬란한 운명이든 평범한 운명이든, 본질적으로 뭔가에 자신을 바쳐야 한다. 이것은 이상하긴 하지만 우리의 실존에 새겨진 피할 수 없는 조건이다. 삶이란 한편으로는 각 개인이 자신을 위해 그리고 자신 때문에 행하는 그 무엇이다. 다른 한편으로는 삶이 오직 내게만 중요하다고 해서 다른 것에 투신하지 않는다면 그것은 긴장도 없고 '형태'도 없이 헐거워진다. 요즈음 우리는 수많은 인생들이 투신할 곳이 없이 자신만의 미로에 빠져

헤매는 엄청난 광경을 목격하고 있다. 계명과 질서가 모두 미해결 상태다. 이것이 이상적인 상황인 것처럼 보이기도 하는데, 왜냐하면 각자의 삶이 완전히 자유로워서 자신이 하고 싶은 것을 할 수 있고 자신에게 집중할 수 있기 때문이다. 각 민족도 이와 마찬가지다. 유럽이 세계에 대한 압력을 늦추었다. 그러나 그 결과는 기대한 것과 정반대로 나타났다. 각자의 삶이 해방을 얻긴 했지만 자기 자신을 상실한, 무엇을 해야 할지 모르는 공허한 상태가 되었다. 그리고 뭔가를 채워야 하기 때문에 내키는 대로 자기 자신을 위장하고 내면의 진실에서 나온 것이 아닌 헛된 것에 몰두한다. 오늘은 오늘이고 내일은 또 다른 내일이다. 혼자 있는 자신을 발견하고는 어쩔 줄 모른다. 이기주의는 미로와 같다. 이해할만하다. 삶이란 뭔가를 향해 질주하는 것이며 목표를 향해 길을 가는 것이다. 목표는 내 길도 아니고 내 삶도 아니다. 그것은 내 삶을 제공해주는, 따라서 내 삶 밖의 저 멀리에 있는 그 무엇이다. 내가 이기적으로 내 삶의 내부에서만 걷기로 한다면, 나는 앞으로 나아가지도 못하고 그 어느 곳에도 이르지 못한다. 이것이 아무 곳으로도 인도하지 않는, 그 내부를 거닐다가 길을 잃게 만드는 미로다.

세계대전 후 유럽인은 자기 내부에 틀어박혀 자기를 위해서도 남을 위해서도 아무 것도 하지 않았다. 그래서 우리는 역사적으로 10년 전과 동일한 상태에 머물러 있다.

이유 없는 지배는 없다. 지배는 타인들에게 가해지는 압력이다. 그러나 이것만은 아니다. 만일 지배가 이것뿐이라면 그것은 폭력일 것이다. 지배가 누군가에게 뭔가를 명령한다는 이중적인 작용이라는 사실을 잊어서는 안 된다. 그리고 누군가에게 명령한다는 것은 결국 사업과 역사적인 거대한 운명에 참여하라고 하는 것이다. 그러므로 삶의 계획이 없는, 정확히 말해서 지배 계획이 없는 제국은 없다. 쉴러는 자신의 시에서 다음과 같이 노래한다. "왕이 건설을 하면 마부에게 일이 생긴다." 따라서 위대한 민족들 — 위대한 사람들 — 의 활약에서도 지극히 이기적인 영감을 발견할 수 있다는 유치한 견해를 갖는 것은 좋지 않다. 지극히 이기적이 된다는 것이 생각하는 것처럼 그렇게 쉬운 일은 아니다. 지금까지 아무도 그렇게 되지 못했다. 위대한 민족들과 위대한 인간들에게 볼 수 있는 이기주의는 어떤 사업에 삶을 건 사람들이 지녀야할 어쩔 수 없는 냉혹함이다. 우리가 진실로 뭔가를 해볼 생각으로 어떤 기획에 뛰어들었다면, 시간을 내서 통행인의 편의를 봐달라든가 이따금씩 소소한 이타주의를 보여 달라고 우리에게 요구해서는 안 된다. 스페인을 여행하는 여행자들을 가장 즐겁게 해주는 것 가운데 하나는 거리에 있는 누군가에게 광장이나 건물이 어디 있는지를 물어보면 대개는 가던 길을 멈추고 기꺼이 자신을 희생시키면서 여행자가 물어본 지점까지 안내해준다는 것이다. 나는 선량한 켈티베로인(스페인인의 조상)의 성품이 친절하다는 것을 부정하지 않는다. 그리고 외국인이 그의 행동을 이렇게 판단한다면 나도 기분이 즐겁다. 그러나 이런 말을 듣거나 아니면 이런 대목을 읽을 때 질문을 받은 동포가 진정 어디론가 가려고 하긴 한 것일까 하는 의구심을 떨쳐버릴 수 없다. 왜냐하면 스페인인은 대부분의 경우 어디를 가고자 하는 것이 아니라 아무 계획이나 사명도 없이 그냥 약간이라도 자신의 삶을 채워줄 것이 없나 해서 곧잘 밖으로 나가기도 하기 때문이다. 나는 우리 동포들이 대개 자신의 도움이 필요한 낯선 사람을 만나지나 않을까 싶어서 거리로 나간다고 확신한다.

지금까지 유럽이 행사해온 세계 지배에 대한 이런 의구심이, 아직 젊기 때문에 자신의 역사를 갖지 못한 민족들을 제외한 나머지 민족들을 타락하게 만든다는 것은 심각한 일이다. 그러나 이런 답보 상태가 유럽 자체를 완전히 타락하게 만든다는 것은 더욱 심각한 일이다. 나 자신이 유럽인이라거나 그와 유사하기 때문에 이렇게 생각하는 것은 아니다. 유럽이 미래를 지배하지 않는다면 세계의 삶에 별 관심이 없다고 말하는 것도 아니다. 만일 유럽을 대신해 지구를 지도해나갈 수 있는 다른 집단의 민족들이 오늘날 존재한다면, 유럽 지배의 종식이란 것은 별로 중요하지 않을 것이다. 그러나 이것조차도 바라지 않겠다. 그것이 유럽인의 덕과 자질을 소멸시켜 버리지만 않는다면 지배자가 없는 것도 받아들이겠다.

그런데 이 마지막 현상은 피할 수 없을 것이다. 유럽이 지배하지 않는 데 익숙해진다면, 구대륙과 전세계는 한 세대 반이 못되어 도덕적 무력 상태와 지적 불모 상태, 전반적인 야만 상태에 빠지고 말 것이다. 서구의 정신을 긴장시킬 수 있는 것은 다만 제국의 환상과 그것이 불러일으킨 책임감 있는 규율뿐이다. 과학과 예술과 기술, 그리고 기타 모든 것은 지배 의식을 만들어내는 강력한 공기를 마시며 산다. 이 공기가 부족하게 되면 유럽의 품위는 점차 떨어질 것이다. 유럽의 정신은 모든 차원에서 새롭고 위대한 사상을 획득하기 위해 강력하고 대담하고 집요하게 몰두한 자기 자신을 근본적으로 신뢰하지 못할 것이다. 유럽인은 결국 일상적인 인간이 되고 만다. 화려한 창조적인 노력을 기울이지 못하고 언제나 과거와 습관과 일상에 함몰된다. 쇠퇴기의 그리스인과 비잔틴 시기의 그리스인처럼 상투적이고 인습적이며 공허한 존재로 전락할 것이다.

창조적인 삶은 수준 높은 위생과 위대한 품성, 그리고 존엄 의식을 불러일으키는 끊임없는 자극 체제를 전제로 한다. 창조적인 삶이란 정력적인 삶이고 정력적인 삶이란 다음 둘

중의 한 상황에 있을 때만 가능하다. 곧 지배자이든지 아니면 지배의 전권을 인정받은 사람이 지배하는 세계에 살든지. 다시 말해서 지배하거나 복종하거나 둘 중 하나다. 여기서 복종한다는 것은 잠자코 지내는 것이 아니고 — 잠자코 지낸다는 것은 비천한 것이다 — 그와 반대로 지배자를 존중하고 그를 추종하며 그와 연대 책임을 지고 그의 깃발 아래 열정적으로 동참하는 것이다.

5

이제 다시 이 글의 출발점, 곧 최근 유럽의 몰락이 대단한 화제 거리가 되고 있다는 기이한 사실로 돌아가 보자. 여기서 놀라운 것은 이 몰락을 비유럽인이 처음 제기한 것이 아니라 유럽인 자신이 발견했다는 점이다. 구대륙 외부에서는 그 누구도 이런 생각을 하지 않을 때 독일과 영국과 프랑스의 일부 사람들이 "우리가 몰락하기 시작한 게 아닐까?"라는 암시적인 생각을 갖게 되었다. 이런 생각은 좋은 기사거리가 되었으며, 그 결과 오늘날 모든 사람들은 유럽의 몰락을 부정할 수 없는 현실로 얘기하게 되었다.

그러나 경박한 몸짓으로 이런 말을 하는 사람을 붙들고 그의 주장을 뒷받침해줄 구체적인 확실한 현상이 뭐가 있는지 물어보라. 그러면 여러분들은 애매한 몸짓을 하며 우주의 원형을 향해 팔을 흔들어대는 것을 보게 될 것이다. 이것은 조난당한 모든 사람의 특징이다. 그는 사실 무엇을 붙들어야 할지를 모른다. 정확한 것은 없지만 작금의 유럽의 몰락을 정의하고자 할 때 등장하는 한 가지는 오늘날 각각의 유럽 국가들이 직면한 경제의 전반적인 어려움이다. 하지만 이 어려움의 성격을 더 자세히 들여다보면, 그 어느 것도 부를 창출하는 데 심각한 영향을 미치지 않으며 이보다 더 심각한 위기도 구대륙이 겪어왔다는 사실을 발견할 수 있다.

그렇다면 독일인이나 영국인이 오늘날 이전보다도 더 많은 생산과 더 좋은 생산을 할 수 있다는 생각을 하지 못하는 것일까? 어떤 의미에서는 그렇다. 그래서 독일인이나 영국인의 경제적 차원의 정신 상태를 규명해보는 것이 매우 중요하다. 그런데 이상한 것은 그들의 사기 저하가 능력이 부족하다고 생각한 데서 비롯하는 것이 아니라, 오히려 전에 없는 잠재력을 갖고 있지만 아주 잘 할 수 있는 것을 방해하는 치명적인 장벽에 부딪쳤다고 생각하는 데서 비롯한다는 점이다. 오늘날 독일과 영국, 프랑스 경제의 치명적인 국경은 각 국가들의 정치적 국경이다. 그렇기 때문에 진정한 어려움은 이런저런 경제 문제에 있는 것이 아니고 경제력을 가동시켜야 할 사회생활 형태가 그에 걸맞지 않다는 데 있다. 나는 최근 유럽의 활력을 무겁게 짓누르는 위축감과 무력감이 현재 유럽이 지닌 잠재력의 규모와 이 잠재력을 발휘해야 할 정치조직의 규모 사이의 불균형에서 나온 것이라고 생각한다. 중대하고도 시급한 현안을 해결하려는 의욕은 그 어느 때보다 강하지만, 이내 갇혀 있는 작은 새장에 부딪치고 유럽이 이제까지 살아온 소국가들의 테두리에 부딪치고 만다. 오늘날 대륙의 정신을 짓누르고 있는 비관주의와 무기력증은 큰 날개 짓을 하다가 새장의 철창에 부딪쳐 상처를 입는 긴 날개의 새가 느끼는 그것과 아주 흡사하다.

그 증거는 경제와 요인을 전혀 달리하는 것처럼 보이는 다른 모든 분야에서도 이런 상황이 반복되고 있다는 것이다. 예를 들어 지적인 삶에서도 이런 것이 나타난다. 독일이나 영국, 프랑스의 우수한 지식인들은 모두 자국의 경계 내에서 숨막힐 듯한 답답함을 느끼고 있으며 자신의 국적이 절대적인 한계라고 생각하고 있다. 독일 교수는 자신이 속한 독일 교수 사회가 요구하는 업적 발표 형식이 불합리하다는 것을 간파하고 프랑스의 저술가나 영국의 수필가가 향유하는 수준 높은 표현의 자유를 부러워한다. 파리의 문인들은 이와 반대로 프랑스 출신이기 때문에 짊어진 문학적 우월주의와 언어의 형식주의 전통이 메말라버렸음을 깨닫고 그 장점을 보존하는 가운데 그것을 독일 교수의 미덕과 통합시키기를 바란다.

국내 정치에서도 동일한 현상이 일어나고 있다. 대국들의 정치 생활이 왜 그렇게 혼란스러운가 하는 매우 특이한 문제가 아직까지는 깊이 분석되지 않았다. 사람들은 민주적인 제도들이 그 권위를 상실했다고들 한다. 그러나 이것은 분명 설명을 필요로 하는 얘기다. 왜냐하면 미심쩍기 때문이다. 어디서나 의회에 대한 험담을 늘어놓는다. 하지만 험담을 늘어놓는 그 어느 지역에서도 그 대체 방안을 마련하지 않는 것처럼 보이며, 적어도 관념상으로라도 선호한다고 생각하는 다른 형태의 유토피아적인 국가 모습이 존재하는 것 같지도 않다. 따라서 외관상의 이런 권위 상실을 정말 그런 것으로 철썩 같이 믿어서는 안 된다. 유럽에서 문제가 되는 것은 사회생활 수단으로서 제도가 아니라 그 제도를 운용하는 일이다. 유럽의 각 개인들이 누리는 생활의 실제적인 차원에 걸 맞는 운용 프로그램이 부족하다.

여기에는 잘못된 시각이 존재하는데, 우리는 그것을 단번에 고쳐야 한다. 예를 들어 시도 때도 없이 늘어놓는 의회가 무능하다는 얘기를 듣는 데 이제 신물이 나기 때문이다. 전통의회의 운영 방식에 대한 일련의 타당한 반대 의견들은 존재한다. 그러나 그런 의견들을 하나씩 검토해보면 어떤 것도 의회를 폐지해야 한다는 결론을 내리게 해주는 것은 없고, 오히려 모두 직접적이고 분명한 방식으로 의회를 개혁할 필요성을 느끼게 해준다. 사실 어떤 것에 대해 인간적으로 얘기할 수 있는 최상의 것은 그것을 개혁할 필요가 있다고 얘기하는 것이다. 이는 그것이 필수 불가결한 것이고 다시 새로워질 수 있다는 사실을 의미하기 때문이다. 현재 우리가 볼 수 있는 자동차는 1910년식 자동차에 제기한 반대의 결과로서 등장한 것이다. 그러나 대중의 의회 경시는 이런 반대에서 나온 것이 아니다. 예를 들어 의회가 비효율적이라고 얘기한다. 그렇다면 우리는 의회가 왜 비효율적인지 물어봐야 한다. 효율성이란 어떤 도구가 갖고 있는 목적을 달성하기 위한 능력이다. 의회의 경우는 각 국가의 공공 문제를 해결하는 것이 그 목적이다. 따라서 의회의 비효율성을 운운하는 자는 무엇이 현재의 공공 문제에 대한 해결책인지 명백한 개념을 갖고 있어야 한다. 만일 그렇지 않다면, 만일 어떤 나라에서든 해야 할 일이 무엇인지를 이론상으로라도 명백히 설정해두지 않다면, 제도적인 도구의 비효율성에 대해 비난하는 것은 무의미하다. 오히려 역사상 그 어떤 제도도 19세기 의회 국가보다 더욱 강력하고 능률적인 국가를 만들어낸 적이 없다는 사실을 상기할 필요가 있다. 이는 너무 명백한 사실이어서 이를 망각한다는 것은 어리석음을 드러내는 것이라고 볼 수 있다. 따라서 입법 의회를 더욱 능률적으로 만들기 위한 철저한 개혁 가능성과 시급성을 의회의 무용성과 혼동해서는 안 된다.

의회의 권위 상실은 잘 알려져 있는 의회의 결함과는 아무 상관도 없다. 그것은 정치적 수단으로서의 의회와는 전적으로 거리가 먼 다른 이유에서 비롯된 것이다. 그것은 유럽인이 그 운용 방법을 잘 모른다는 것과 전통적인 사회생활의 목적을 존중하지 않는다는 것, 요컨대 자신이 등록되어 있고 포로 상태에 있는 국민국가에 대해 어떤 환상도 갖고 있지 않다는 것에서 비롯한다. 잘 알려진 의회의 권위 상실에 조금만 주의를 기울여 보면, 대부분의 국가들에서 시민들이 자기 국가를 존중하지 않는다는 사실을 발견한다. 존중을 받지 못하는 것은 제도가 아니라 왜소해진 국가 자체이기 때문에, 제도의 세부 내용을 대체하는 것은 소용없는 일이다.

경제, 정치, 지식 등의 기획에서 자국의 한계에 부딪치자 유럽인은 그 기획들—즉 삶의 가능성과 생활양식—이 자신이 속한 집단의 규모에 비해 엄청나게 크다는 사실을 처음으로 발견했다. 그래서 영국인이나 독일인이나 프랑스인은 자신이 변방인이라고 생각하기에 이르렀다. 그러니까 자신이 전보다 더 작은 존재임을 발견한 것이다. 영국인도 프랑스인도 독일인도 전에는 각각 자기 자신이 세계라고 생각했다. 나는 이 점이 유럽을 괴롭히는 몰락에 대한 느낌의 진정한 기원이라고 생각한다. 그러니까 이것은 순전히 심리적인 것이며 역설적인 것이다. 왜냐하면 왜소화되었다는 추정은 바로 자신의 능력이 커져서 이전 조직과 부딪치면서 이제 더 이상 그 조직 속으로 들어갈 수 없게 된 데서 생기는 것이다.

앞서 얘기한 것을 뒷받침해줄 뚜렷한 증거로 자동차 생산 같은 구체적인 활동을 예로 들어보자. 자동차는 순전히 유럽의 발명품이다. 그러나 오늘날은 미국산 제품이 뛰어나다. 그래서 유럽산 자동차가 쇠퇴하고 있다. 하지만 유럽의 자동차 생산업자 — 산업적·기술적 — 는 미국산 제품의 우수성이 바다 건너 사람들의 특수한 자질에서 나온 것이 아니라, 단순히 미국 회사가 아무 제약 없이 1억2천만 명에게 자동차를 공급할 수 있다는 데서 비롯한다는 사실을 잘 알고 있다. 유럽의 한 자동차 회사가 유럽의 전체 국가들과 그들의 식민지와 보호령으로 이루어진 상권을 갖고 있다고 생각해보라. 아무도 5억 내지 6억의 인구를 고객으로 하는 이 자동차가 '포드' 차보다 훨씬 우수하고 가격도 더 싸리라는 것을 의심하지 않는다. 미국 기술의 독특한 우수성은 모두 동질적인 광대한 시장 덕분이지 분명 그 반대는 아니다. 산업의 '합리화'는 그 규모에서 비롯하는 자동적인 결과다.

따라서 유럽이 직면한 진정한 상황은 다음과 같은 것이다. 즉 유럽은 이제 유구하고 화려한 과거를 지나 모든 것이 증대한 새로운 단계의 삶으로 진입했다. 그러나 그와 동시에 과거로부터 살아남은 왜소한 구조가 현재의 팽창을 저해하고 있다. 유럽은 소국가들로 이루어졌다. 국민적인 이념과 정서가 어떤 의미에서는 유럽의 가장 특징적인 발명품이었다. 그런데 이제는 그 자체를 극복해야만 하는 상황에 처하게 되었다. 이것이 다가올 미래에 상연될 거대한 드라마의 줄거리이다. 유럽이 과거의 잔재에서 벗어날 것인가, 아니면 영원히 그것의 포로가 될 것인가? 거대한 문명이 전통적인 국가 개념을 대체하지 못해 사멸한 예는 이미 역사상 존재한다.

6

다른 곳에서 이미 그리스-로마 세계의 수난과 멸망에 대해 얘기한 바 있으므로 자세한 내용은 그 글을 참고하길 바란다.[48] 여기서는 그 문제를 다른 각도에서 다뤄보고자 한다.

그리스인과 라틴인은 역사 시대에 들어와 마치 벌집 속의 꿀벌처럼 도시, 곧 폴리스 내에 거주하기 시작했다. 이는 우리가 여기서 절대적이고 신비적인 기원을 지닌 것으로 간주해야 할 하나의 사실이자 더 이상 거슬러 올라갈 필요가 없는

---

48 『관객』 제6권(1927년, 『전집』 제2권)에 수록된 「로마의 몰락에 대하여」 참조.

출발점이다. 이는 마치 동물학자가 땅벌은 혼자 이곳저곳 돌아다니며 사는 데 반해, 황금벌은 벌집을 만들어 집단생활을 한다고 하는 해명이 되지 않는 조잡한 사실에서 출발하는 것과 같다.[49] 우리는 발굴과 고고학 덕분에 아테네와 로마가 세워지기 전에 그곳에 무엇이 존재했는지 그 일부를 알 수 있다. 그러나 그야말로 전원적이고 아무런 특징이 없는 이 선사시대로부터, 두 반도에 등장한 새로운 종류의 결실인 도시의 탄생에 이르는 이행기는 베일에 가려져 있다. 그리고 전설 시대의 민족들과, 공공 광장을 만들고 그 주위에 농촌과 분리된 도시를 건설함으로써 인류 문화에 일대 혁신을 가져온 이 특이한 공동체들 사이의 인종적 연계도 확실치 않다. 사실 도시와 폴리스에 대한 정의는 아무리 정확한 것이라 할지라도 바늘통에 철사를 감아 꽉 조이면 총신(銃身)이 된다는 익살스런 정의와 아주 흡사하다. 도시나 폴리스는 포럼이나 아고라 같은 빈터에서 시작되었다. 나머지는 모두 이 빈터를 안전하게 하고 그 경계를 설정하기 위한 것이었다. 폴리스는 원래 주택

[49] 이것이 물리학적·생물학적 이성, 곧 '자연주의적 이성'의 역할을 하는 것이다. 이는 자연주의적 이성이 '역사적 이성'보다 덜 합리적인 것임을 보여준다. 왜냐하면 역사적 이성은 그와 같은 곁눈질을 하지 않으며, 근본적으로 사물을 다룰 때 어떤 사실도 절대적인 것으로 인정하길 거부하기 때문이다. 추론한다는 것은 모든 사실을 액화시켜 그 기원을 발견해내는 것이다. 나의 글 『체계로서의 역사』(<서구지> 제2판, 『전집』 제5권) 참조.

단지가 아니라 시민들의 집회 장소이자 공공 기능을 위해 지정된 공간이었다. 도시는 오두막이나 저택처럼 비바람을 피하고 자녀를 낳기 위한 개인적이고 가족적인 필요에 의해 만들어진 것이 아니라 공적인 일을 논의하기 위해 만들어졌다. 이것은 다름 아니라 새로운 종류의 공간, 아인슈타인의 공간보다도 훨씬 더 새로운 공간이 발명되었음을 의미한다. 당시까지는 오직 하나의 공간, 곧 들판만 존재했다. 사람들은 이 들판이 인간 존재에 가져다주는 것들과 더불어 살았다. 농민은 아직 하나의 식물이나 다름없었다. 생각하고 느끼며 바라는 그의 생활은 모두 식물이 살아가는 무의식적인 졸음 상태를 유지하는 것이었다. 아시아와 아프리카의 위대한 문명들은 이런 의미에서 모두 거대한 유인(類人) 식물이었다. 그러나 그리스-로마 문명은 들판, '자연', 식물생태계와의 분리를 선택했다. 이것이 어떻게 가능할까? 인간이 들판을 단념할 수 있을까? 들판이 땅 전체이고 무한한 것이라면 어디로 갈 것인가? 답은 매우 간단하다. 들판의 일부에 담을 세워 내부의 유한한 공간과 무형의 무한한 공간을 구분하는 것이다. 이렇게 해서 광장이 생겨났다. 광장은 위가 막힌 '내부 공간'인 집처럼 들판에 존재하는 동굴과 같은 것이 아니라, 단순한 들판의 부정이다. 광장은 경계를 설정해주는 담 덕분에 그 외부에 대해 등을 돌리면서 배제하고 그와 대립하는 한 조각의 들판이다. 무한한 들판과의 분리를 결행하고 그에 대해 자신을 지키는 이 조그만 반역의 들판은 독자적인 공간이자 더할 나위 없이 새로운 공간이다. 여기서는 인간이 동식물과의 공생에서 해방되어, 그들을 밖으로 몰아낸 다음 순전히 인간적인 별도의 세계를 만든다. 이것이 시민의 공간이다. 그래서 위대한 도시인이자 폴리스에서 배어나온 즙의 정수인 소크라테스가 "나는 들판의 수목과는 아무 관계가 없다. 다만 도시의 인간들과 관계가 있을 뿐이다."라고 말했던 것이다. 인도인이나 페르시아인, 중국인, 이집트인은 이에 대해 아무 것도 알지 못했다.

알렉산드로스와 카이사르 때까지 그리스와 로마의 역사는 이 두 공간, 곧 합리적인 도시와 초목의 들판, 법률가와 경작자, 법(ius)과 농민(rus) 사이의 끊임없는 투쟁으로 점철되었다.

도시의 기원에 대한 이런 주장은 나의 순수한 창작물로서 기껏해야 상징적 진리에 불과하다고 생각하지 말라. 그리스 —로마 도시의 주민들은 그들 기억의 심층과 기저에 시노이키스모스(synoikismos)의 기억을 이상할 정도로 집요하게 보존하고 있다. 그래서 원전의 도움이 필요 없이 그 기억을 되살리기만 하면 된다. 시노이키스모스란 더불어 살아가겠다는 합의이기 때문에 엄밀히 말해서 물리적·법률적 의미의 집주(集住)이다. 들판에 흩어져 살던 시대에 뒤이어 시민이 도시에 모여 사는 시대가 왔다. 도시란 인간 이하 상태의 집이나 둥지를 초월한 초대형 집이며 오이코스(oikos, 가정)보다 더 추상적이고 고차원적인 실체다. 그것은 남녀가 아니라 시민들로 구성되는 폴리테이아(politeia, 정체)인 레푸블리카(republica, 공화국)이다. 동물에 더욱 근접한 원시적인 차원으로 환원될 수 없는 새로운 차원이 인간에게 주어졌다. 여기서는 이전에는 단순한 인간에 불과했던 자들이 최상의 에너지를 발휘한다. 국가로서의 도시는 이렇게 탄생했다.

어떤 의미에서는 지중해 연안 전체가 언제나 자발적으로 이런 국가 형태의 경향을 보여주었다고 볼 수 있다. 북아프리카(카르타고는 도시라는 의미)도 어느 정도는 이와 동일한 현상을 되풀이했다. 이탈리아는 19세기까지도 도시국가 형태를 벗어나지 못했고 스페인의 레반테 지방도 걸핏하면 지방분리주의에 빠져들었다. 이것은 천 년의 영감에서 나온 일종의 나쁜 관행이었다.[50]

도시국가는 그 구성요소가 비교적 적어서 국가 원리의 특성을 명료하게 보여준다. 한편으로 '국가'라는 말은 역사의

50 두 개의 적대적인 경향, 즉 초기 지중해인의 경향이 남아 있는 바르셀로나의 도시주의가 카탈루냐에서 유럽의 국가주의 경향과 어떻게 협력하고 있는지를 밝히는 작업은 흥미로울 것이다. 나는 이미 다른 곳에서 레반테인은 반도에 존재한 고대인(homo antiquus)의 유물이라고 말한 적이 있다.

여러 세력들이 균형 잡힌 안정적인 결합에 도달한 것을 의미한다. 이런 의미에서 국가는 역사적 운동과는 반대의 의미를 지닌다. 곧 국가란 안정적이고 제도화되고 정적인 공동생활이다. 그러나 이런 정적인 완결된 형태의 부동성은 모든 균형 상태에서 볼 수 있듯이 그 국가를 탄생시키고 유지시켜온 동력을 감추고 있다. 다시 말해서 제도화된 국가는 그 국가를 건설하기 위한 선행하는 운동, 투쟁과 노력의 산물이라는 것을 잊기 쉽다. 제헌 국가가 제도화된 국가보다 선행한다. 이것이 운동의 원리다.

이와 더불어 국가란 인간이 선물로 받는 것이 아니라 애써서 건설해가야 하는 사회 형태이다. 그것은 유목민이나 부족을 비롯하여 인간의 협력 없이 자연이 만들어낸 혈연에 기초한 사회와는 다르다. 그와 반대로 국가는 혈연으로 소속이 결정되는 자연 사회에서 벗어나고자 할 때 시작된다. 혈연 이외에도 다른 자연의 원리, 이를테면 언어를 언급할 수도 있다. 국가란 원래 여러 혈연과 여러 언어의 혼합으로 이루어진다. 국가는 자연 사회를 초월한다. 국가는 혼혈과 다언어 사회다.

도시는 이렇듯 다양한 민족들의 결합으로 탄생한다. 그리고 동물학적인 다양성 위에 법이라는 추상적 동질성을 세운다.[51] 물론 법적 통일성이 국가 건설을 추진하는 열망은 아니다. 그 추진력은 어느 법보다도 더욱 실질적인 것이며, 소규모 혈연 사회보다 훨씬 큰 규모의 사업을 지향한다. 그래서 모든 국가의 기원에는 언제나 대기업가와 같은 인물이 있게 마련이다.

국가 탄생 직전의 역사적 상황을 관찰해보면 언제나 다음과 같은 도식을 발견할 것이다. 즉 소규모의 다양한 집단들이 존재하는데, 그 사회 구조는 내부 지향적으로 생활하도록 되어 있다. 각 집단들의 사회 형태는 오직 내적인 공동생활을 위한 것이다. 이는 각 집단들이 과거에는 모두 예외적인 경우를 제외하고는 인접 집단들과의 접촉 없이 고립된 상태로 스스로 자신만을 위해 살았다는 것을 의미한다. 그런데 이런 고립 상태에 뒤이어 외적인 공동생활, 특히 경제적 공동생활이 등장했다. 각 집단의 개인은 이제 더 이상 그 집단에게만 의존해서 살지 않고 부분적일지라도 다른 집단의 개인들과 상업적·지적인 교류를 맺으며 살기 시작했다. 그 결과 두 종류의 공동생활, 곧 내적 생활과 외적 생활 사이에 불균형이 나타났다. 기존의 사회 형태 — 법, 관습, 종교 — 는 내적 생활에는 도움을 주지만, 보다 광범위하고 새로운 외적 생활에는 장애가 되었다. 이런 상황에서 국가의 원리는 내부 지향의 사회 형태를 폐지하고, 그것을 새로운 외부 지향의 생활에 적합한

51 법적인 동질성이 반드시 중앙집권주의를 의미하는 것은 아니다.

사회 형태로 대체하는 운동이다. 이것을 오늘날의 유럽에 적용해보면, 추상적인 표현에 모양과 색깔을 더할 수 있을 것이다.

특정 민족들이 전통적인 생활 형태의 구조를 포기할 수 없고 이제까지 존재하지 않은 새로운 구조를 상상할 수 없다면, 국가 건설이란 있을 수 없다. 그래서 국가 건설은 진정한 창조이다. 국가는 절대적인 상상 활동에서 비롯한다. 상상이란 인간이 가진 해방의 힘이다. 한 민족이 국가를 형성할 수 있는 능력은 그 민족의 상상력에 달려 있다. 모든 민족은 자연이 그 민족의 상상력에 부여한 한계, 곧 국가 발전의 한계를 지니고 있다. 들판의 산재(散在)를 극복하는 도시를 상상해낸 그리스—로마인들은 도시의 벽에 갇히고 말았다. 그리스—로마의 지성을 발전시키고 그 지성을 도시로부터 해방시키고자 한 자들이 있긴 했지만 수포로 돌아갔다. 브루투스로 대표되는 로마인의 상상력의 한계가 고대에서 상상력이 가장 풍부한 카이사르를 암살했던 것이다. 오늘날의 유럽인들이 이런 역사를 기억하는 것은 매우 중요하다. 우리의 역사 또한 동일한 상황에 처해 있기 때문이다.

7

이른바 명석한 두뇌를 소유한 사람은 고대 세계에서는 아마도 테미스토클레스와 카이사르라는 두 명의 정치인밖에 없을 것이다. 하지만 정치인이란 대개 유명한 사람이라도 어리석기 때문에 그리 놀라운 일이다.[52] 물론 그리스와 로마에는 수많은 제재(題材)에 관해 명석한 사고를 한 사람들 ─ 철학자, 수학자, 박물학자 ─ 이 존재했다. 그러나 그 명석함이란 것은 과학적 차원의 명석함, 다시 말하면 추상적인 것에 대한 명석함이었다. 과학이 말하는 것은 모두 추상적이고 추상적인 것은 언제나 명석하다. 따라서 과학의 명석함은 과학자들의 두뇌가 아니라 그들이 말하는 내용에 존재한다. 언제나 독특한 구체적인 삶의 현실은 본질적으로 혼란스럽고 복잡하다. 이런 현실 속에서 명확하게 방향을 설정할 수 있는 사람과 삶의 모든 상황에 등장하는 혼란 속에서도 그 순간의 비밀 구조를 들여다볼 수 있는 사람, 요컨대 삶의 방향을 잃지 않는 사람이 진실로 명석한 사람이다. 주위 사람들을 둘러보면 그들이 인생을 방황하고 있는 것을 발견하게 된다. 그들은 좋은 운명이든 나쁜 운명이든 자신들에게 일어나고 있는 것에 일말의 의심도 품지 않은 채 마치 몽유병자처럼 이리저리 헤

---

[52] 그것이 '좋은' 의미든 '나쁜' 의미든 간에 내가 여기서 왜 갑자기 정치에 대해 어떤 분명한 개념을 단언적으로 상정하는지는 내가 쓴 「인간과 사람」이라는 제목의 사회학 논문에 나와 있다.

매고 있다. 여러분들은 그들이 자신과 주변 상황에 대해 단정적인 방식으로 말하는 것을 들을 수 있을 것이다. 이로써 그들이 그 모든 것에 대해 어떤 견해를 갖고 있다고 볼 수도 있다. 그러나 그런 견해를 잠시 분석해보면, 그것은 그들이 언급하는 것처럼 보이는 현실을 전혀 반영하고 있지 않다는 사실을 알 수 있을 것이다. 그것을 좀더 깊이 분석해보면 그들이 그런 현실과 타협하려 하지도 않는다는 것을 발견할 수 있을 것이다. 오히려 그와 정반대로 개인은 그런 견해들을 통해 현실과 자신의 삶 자체에 대해 갖고 있는 자기 나름대로의 시각을 차단하려고 한다. 왜냐하면 삶이란 무엇보다도 혼돈으로서 그곳에서는 길을 잃게 되기 때문이다. 그는 이 점에 의문을 품으면서도 가공할 현실에 직면하기를 두려워하여 모든 것이 명료하게 보이는 환각의 장막으로 그 현실을 가리려고 한다. 그에게는 자신의 '견해들'이 진실하지 않다는 것은 중요하지 않다. 다만 자신의 삶을 보호하는 참호와 현실을 쫓아버리는 허수아비로서 이용할 뿐이다.

두뇌가 명석한 사람은 이런 환각적인 '견해'에서 해방되어 삶을 직시하고 만사가 문제투성이인 것을 깨달으며 자신이 길을 잃어버렸다고 자각하는 사람이다. 이것은 순수한 진리 — 이를테면 산다는 것은 길을 잃어버렸음을 자각하는 것이라는 사실 — 이기 때문에 이것을 받아들이는 자는 이미 자신의 진정한 현실을 발견하기 시작한 것이고 견고한 지반에 서 있는 셈이다. 그는 조난자와 마찬가지로 본능적으로 붙잡을 것을 찾을 것이다. 비참하고 절박한, 그리고 구조를 기다리는 정말로 진지한 시선이 혼란스런 그의 삶에 질서를 가져다줄 것이다. 이것이 조난자의 생각이며 단 하나의 진실한 생각이다. 그 나머지는 수사(修辭)이자 꾸밈이며 자기기만이다. 진짜 길을 잃어버렸다는 것을 자각하지 않는 사람은 길을 잃어버릴 수밖에 없다. 다시 말하면 현실 그 자체를 결코 발견할 수 없고 그것과 마주치는 일도 결코 없을 것이다.

이것은 모든 면에서 사실이다. 심지어 삶의 도피 학문인 과학도 마찬가지이다(대부분의 과학자들이 과학에 전념하는 것은 삶에 직면하는 것이 두렵기 때문이다. 그들은 명석한 자들이 아니다. 그래서 구체적인 현실에 대해 우둔하기로 이름이 높다). 과학적 사고는 어떤 문제에 봉착하여 헤매고 있음을 자각하면 자각할수록, 그리고 그 문제의 성격을 잘 파악하고 기존의 사상과 처방, 표어나 말에 기댈 수 없음을 깨달으면 깨달을수록 그 진가가 나타난다. 새로운 과학적 진리를 발견하는 사람은 자신이 과거에 배운 거의 모든 것을 분쇄해버려야 한다. 무수히 많은 상식을 살육한 피비린내 나는 손을 가진 자만이 새로운 진리에 도달한다.

정치는 인간의 바람과는 상관없이 갑작스레 발생하는 독

특한 상황들로 구성되기 때문에 과학보다 훨씬 실제적이다. 그래서 정치는 누가 명석한 사람이고 누가 평범한 사람인지를 잘 구별하게 해주는 시금석이다.

카이사르는 우리가 알기로 인류 역사상 가장 혼란스런 시기와 지독한 혼돈 속에서 현실의 실체를 파악하는 능력을 지닌 최고의 인물이다. 그리고 마치 이것을 기꺼이 강조하려는 듯이 운명은 사물을 혼란시키는 데 일생을 바친 탁월한 지성의 소유자 키케로를 그의 곁에 두었다.

지나친 행운 때문에 로마의 정치조직은 이완되어 있었다. 이탈리아와 스페인, 북아프리카, 고대 세계와 헬레니즘 세계의 오리엔트를 거느린 티베르의 도시는 와해되기 직전이었다. 공공기관들은 자치체의 원기를 지니고 있었으며, 마치 요정들이 자신이 후원하는 나무가 여위지 않도록 그것에 붙어 있는 것처럼 도시와 불가분의 관계에 있었다.

민주주의는 그 유형과 발달 정도가 어떠하든 간에 시시콜콜한 기술적인 세부사항, 곧 선거 절차에 그 건강성이 좌우되었다. 나머지는 모두 부차적인 것이다. 선거제도가 빈틈없고 현실에 부합한다면 모든 것이 잘 될 것이고, 그렇지 않다면 그 외의 모든 것이 아무리 잘 굴러간다 할지라도 잘 되지 않을 것이다. 기원 전 1세기 초의 로마는 강대하고 부유하여 그에 맞설 대적이 없었다. 그럼에도 불구하고 로마는 파멸 직전이었다. 어리석은 선거제도를 유지하는 데 집착했기 때문이었다. 부정이 일어나는 선거제도는 어리석은 것이다. 당시에는 도시에서 투표를 하도록 되어 있었다. 그래서 들판에 거주하는 시민들은 투표에 참여할 수 없었다. 로마 전역에 흩어져 사는 사람들은 말할 것도 없었다. 선거가 불가능했기 때문에 부정이 자행되었다. 후보자들은 제대병들과 검투사들로 백골단을 조직하여 투표함을 부수게 했다.

진정한 투표가 이루어지지 않는다면 민주적인 제도들이란 공중누각과 마찬가지다. 말이란 공중누각과 같은 것이다. "공화정은 말에 불과하다." 이것은 카이사르의 표현이다. 사법관들 가운데 권위를 누린 자는 아무도 없었다. 좌파와 우파의 장군들 — 마리우스와 술라 — 은 아무 실효성도 없는 공허한 독재 체제 속에서 거드름만 피웠다.

카이사르는 결코 자신의 정치를 설명한 적이 없었고 그것을 실행하는 데만 몰두했다. 따라서 그의 정치는 바로 카이사르 자신이었지, 나중에 등장하는 카이사리즘 입문서의 내용이 아니었다. 우리가 그의 정치를 이해하기 위해서는 그의 행적을 조사해서 그것에 이름을 붙여주는 길밖에 없다. 그 비밀은 그의 주요 공적인 갈리아 정복에 있다. 이 정복에 착수하기 위해 그는 기존 권력에 반기를 들어야만 했다. 왜 그랬을까?

당시 권력은 공화주의자들, 곧 도시국가를 신봉하는 보수주의자들이 장악하고 있었다. 이들의 정치는 다음 두 가지로 요약된다. 첫째 로마 사회생활의 혼란은 로마의 과도한 팽창에서 비롯된 것이다. 도시 로마가 그렇게 많은 나라들을 지배할 수는 없다. 새로운 정복은 모두 공화정에 대한 반역죄에 해당한다. 둘째 제도가 와해되는 것을 방지하기 위해서는 프린켑스(princeps, 제1인자)가 필요하다.

우리가 사용하는 '프린시페(príncipe, 군주)'라는 용어는 로마인들이 사용한 '프린켑스'의 의미와 거의 정반대다. 로마인들은 프린켑스를 시민들과 동일하지만 공화정 제도를 운용할, 최고 권력을 부여받은 자로 이해했다. 키케로는 그의 『공화국론』에서, 그리고 살루스티우스는 그의 카이사르 회고록에서, 제1시민(princeps civitatis), 최고 공직자(rector rerum publicarum), 중재자(moderator)를 요청하는 모든 저술가들의 생각을 요약해주고 있다.

카이사르의 해결책은 보수주의자들과 정반대였다. 그는 종전까지 로마 정복의 결과를 치료하기 위해서는 원기왕성한 로마의 운명을 끝까지 받아들이고 정복을 계속 수행하는 길밖에 없다고 생각했다. 특히 머지않은 장래에 동방의 부패한 나라들보다 더욱 위험하게 될 새로운 민족들을 정복하는 일이 시급했다. 카이사르는 서방의 야만족들을 철저히 로마화시켜야 한다고 역설한다.

그리스-로마인들은 시간을 인식할 수 없었으며 자신들의 삶이 시간 속에서 확장되는 것을 보지 못했다는 말(슈펭글러)이 있다. 이는 그들이 오직 현재의 순간만을 살았다는 얘기다. 나는 이것이 잘못된 진단이며 적어도 두 가지를 혼동한 것이라고 생각한다. 그리스-로마인들은 놀라울 정도로 미래에 대한 대해 맹목적이었다. 그들은 색맹 환자가 적색을 보지 못하듯이 미래를 보지 못했다. 그러나 그 대신 그들은 과거에 뿌리를 내리고 살았다. 그들은 지금 뭔가를 하기 전에 마치 투우사 라가르티호(Lagartijo)가 황소를 죽일 채비를 하듯이 한발 뒤로 물러난다. 그리고 과거 속에서 현재 상황을 위한 모델을 찾아내 그 도움을 받은 다음, 잘 알려진 잠수복으로 몸을 보호하고 변형한 채 현재의 물 속으로 뛰어든다. 따라서 그들의 삶은 모두 어느 정도는 재생(再生)이다. 이런 삶은 회고적인 것이며 고대인은 거의 언제나 회고적인 삶을 살았다. 그러나 그렇다고 해서 이런 삶이 시간에 대해 무감각한 것은 아니다. 회고적인 삶이란 단지 미래의 날개는 불구이면서 과거만 비대한 불완전한 시대감각을 의미할 뿐이다. 유럽인들은 언제나 미래를 중시해왔고 미래야말로 시간의 가장 본질적인 차원이라고 생각한다. 그래서 우리들은 시간이 '이전'이 아니라 '이후'에 시작된다고 본다. 따라서 그리스-로마인들의 삶이 우리에게는 무시간적인 것처럼 보이는 것을 이해할 수 있다.

현재의 모든 것을 과거 모델의 핀셋으로 집어내려는 이런 편집광 같은 삶이 고대인으로부터 현대의 문헌학자에게 전이되었다. 문헌학자 또한 미래에 대해 맹목적이다. 그 또한 뒷걸음질쳐 모든 현상에 대한 전례를 찾는다. 그리고 이 전례를 목가적인 아름다운 말을 사용해 '샘'(출전)이라고 부른다. 내가 이렇게 말하는 것은 고대의 카이사르 전기작가들이 그가 알렉산드로스를 모방하려 했다고 생각하면서 이 거대한 인물을 이해하려들지 않았기 때문이다. 여기에는 다음과 같은 정식이 들어 있다. 즉 알렉산드로스가 밀티아데스의 월계관을 생각하면서 잠을 이룰 수 없었다면, 카이사르도 알렉산드로스의 월계관 때문에 필시 불면증에 시달렸을 것이라는 것이다. 이런 일이 연속적으로 일어난다. 언제나 뒤로 물러서서 과거의 발자국 속에 현재의 발을 내딛는다. 현대의 문헌학자는 고대 전기작가를 반영한다.

카이사르가 알렉산드로스의 업적을 본받고자 했다고 생각하는 것은—그런데 거의 모든 역사가들이 이렇게 생각했다—그에 대한 이해를 전적으로 포기하는 것이다. 카이사르는 사실 알렉산드로스와 거의 반대다. 보편왕국 이념만이 이 두 사람을 연결시켜주는 유일한 유사점이다. 그러나 이 이념은 알렉산드로스의 생각이 아니라 페르시아로부터 온 것이다. 알렉산드로스의 이미지는 아마도 카이사르로 하여금 오리엔

트와 영광스런 과거로 향하도록 자극했을 것이다. 그러나 서
방에 대한 그의 집착은 오히려 그가 마케도니아 왕과 반대의
뜻을 지니고 있음을 보여준다. 더욱이 카이사르가 계획한 것
은 단순한 보편왕국이 아니었다. 그의 목적은 더욱 심오한 것
이었다. 그는 로마제국이 로마로 살아가는 것이 아니라 주변
부와 속주에 기반해 살아가길 원했다. 이는 도시국가의 완전
한 초월을 의미한다. 즉 다양한 민족들이 협력하고 모두가 연
대의식을 느끼는 국가를 의미한다. 중심부가 지배하고 주변
부가 복종하는 것이 아니라 거대한 사회 조직의 각 요소들이
동시에 국가의 수동적·능동적 주체가 되는 것이다. 근대국가
가 바로 이런 것이기 때문에, 이는 미래에 대한 카이사르의
천재적인 예견인 셈이다. 그러나 이런 내용은 동류자들 가운
데 제1인자(primus inter pares)에 불과한 프린켑스와 공화정의
과두체제를 초월한 로마 외부의 반귀족적 권력을 상정한 것
이다. 이런 보편적 민주주의의 행정권과 대표권은 본거지를
로마 외부에 둔 군주정에서나 가능할 뿐이었다.

　공화정과 군주정! 이 두 용어의 진정한 의미는 역사와 더
불어 끊임없이 바뀌었다. 따라서 각 시대마다 적절한 의미를
파악하기 위해서는 이를 분석해봐야 한다.

　가장 가까이서 그를 보필한 카이사르의 심복들은 로마에
거주하는 회고적인 명사들이 아니라, 새로 등장한 속주민들

이자 정력적이고 유능한 인물들이었다. 그의 진정한 참모는 대서양인이자 '식민지인'인 카디스 출신의 상인 코르넬리우스 발부스(Cornelius Balbus)였다.

그러나 이 새로운 국가는 시대를 너무도 앞선 것이어서 두뇌 회전이 느린 라티움인들은 이 거대한 변화를 따라갈 수 없었다. 감각적인 물질주의로 가득 찬 도시 분위기는 로마인들로 하여금 이 최신의 공공 조직을 '이해'하지 못하게 만들었다. 도시에 거주하지 않는 사람들이 어떻게 하나의 국가를 형성할 수 있단 말인가? 이렇듯 미묘하고 신비적인 통일이란 도대체 어떤 것일까?

거듭 말하지만 이른바 국가의 실재는 혈연으로 맺어진 인간들의 자발적인 공동생활이 아니다. 국가란 본래 분리된 집단들이 공동생활을 하지 않을 수 없을 때 시작된다. 이런 강제는 노골적인 폭력이 아니다. 그것은 다양한 집단을 위한 선동적인 계획과 공통의 과업을 상정한 것이다. 국가는 무엇보다도 먼저 활동 계획이자 협력 프로그램이다. 그리고 뭔가를 함께 하기 위해 사람들을 불러 모은다. 국가는 혈연관계도 단일한 언어도 아니며, 단일한 지역도 인접한 거주지도 아니다. 그것은 물질적인 것도 불활성적인 것도 아니고, 주어진 것도 한정된 것도 아니다. 그것은 순수한 동력 — 뭔가를 공동으로 하겠다는 의지 — 이다. 그래서 국가의 이념은 어떤 물적 조

건의 제약도 받지 않는다.[53]

화살표가 하나 그려져 있고 그 밑에 "상승이냐 하강이냐"라고 쓰여 있는 잘 알려진 사아베드라 파하르도(Saavedra Fajardo)의 정치적 표어는 매우 날카롭다. 이것이 국가다. 국가는 사물이 아니라 운동이다. 그것은 매순간 어디선가 와서 어디론가 가는 것이다. 모든 운동이 다 그렇듯이 국가는 기점과 목표를 지니고 있다. 어느 시점에서 진정한 국가의 생애를 절단해보라. 그러면 마치 혈연과 언어와 '자연 국경' 같은 물질적 속성에 기초를 둔 것처럼 보이는 단일한 공동생활을 발견할 것이다. 정적인 측면에서 보면 이것이 바로 국가라고 말할 수 있다. 그러나 이 인간 집단이 다른 민족을 정복하고 식민지를 세우며 다른 국가들과 동맹을 맺는 등 뭔가 공동 작업을 진행하고 있음을, 다시 말하면 매순간마다 물질적인 단일성의 원리처럼 보이는 것을 극복하고 있는 과정임을 금방 깨달을 수 있다. 이것이 도달해야 할 목표이자 진정한 국가다. 진정한 국가의 단일성은 바로 주어진 단일성 일체를 극복하는 데 있다. 전진하려는 충동이 멈추면 국가는 자동적으로 쓰러지고 이전에 존재한 물질적으로 굳건해 보인 단일성 — 인종과 언어, 자연 국경 — 은 아무짝에도 쓸모가 없다. 국가는

53 『관객』 제7권(1930년, 『전집』 제2권)에 수록된 「국가의 진정한 기원」 참조.

분해되고 분산되며 원자화되고 만다.

이런 국가의 이중성 — 기존의 단일성과 장차 실현할 더욱 광범한 단일성 — 만이 국민국가의 본질을 이해할 수 있게 해준다. 주지하듯이 국민이란 말에 현대적인 의미를 부여한다면 그것이 무엇으로 이루어진 것인지 아직도 말할 수 없는 실정이다. 도시국가는 눈으로 볼 수 있는 매우 분명한 개념이었다. 그러나 서구의 정치적 영감에서 나온 갈리아인과 게르만인에게서 싹튼 새로운 유형의 공적 단일성은 훨씬 더 막연하고 파악하기가 힘들다. 오늘날의 역사가에 해당하는 당시의 문헌학자는 워낙 회고적이어서 이런 놀라운 사실을 앞에 두고, 카이사르나 타키투스가 알프스와 라인 강이나 스페인 너머에서 태동하고 있던 국가들이 무엇인지를 로마의 용어로 표현하고자 할 때 느낀 것만큼이나 당혹해할 것이다. 그들은 그 어떤 것도 적합한 것이 아닌 줄 알면서도 이들을 키비타스(civitas), 겐스(gens), 나치오(natio)이라고 불렀다.[54] 이들은 우선 도시가 아니라는 단순한 이유 때문에 키비타스가 아니다.[55] 그렇다고 용어를 모호하게 만들어 한정된 지역을 언급

---

54 돕슈(Dopsch)의 『유럽 문명의 사회경제적 기초 *Economic and Social Foundations of European Civilisation*』(제2판, 1924년, 제2권, 3~4쪽) 참조.

55 로마인들은 야만인들의 부락이 조밀해도 그것을 감히 도시라고 부르지 않았다. 대신 '농민의 촌락'(sedes aratorum)이라고 불렀다.

하는 것으로 사용할 수도 없다. 새로운 민족들은 거주지를 너무도 쉽게 변경하며 그것을 확장하기도 하고 축소하기도 한다. 그렇다고 이들의 종족 — 겐스, 나치오 — 이 단일한 것도 아니다. 새로운 국가들은 아무리 멀리 거슬러 올라간다 할지라도 출생이 서로 다른 집단들로 구성된 것으로 드러난다. 즉 서로 다른 혈연의 결합체다. 국가가 혈연 공동체도 아니고 한 지역에 속하는 것도 아니며 그와 유사한 그 어떤 것도 아니라면 도대체 무엇이란 말인가?

언제나 그렇듯이 이 경우에도 사실에 귀를 기울일 때 그 실마리를 얻을 수 있다. '근대국가' — 프랑스, 스페인, 독일 — 의 발전과정을 살펴볼 때 무엇이 눈에 띄는가? 답은 간단하다. 특정한 시대에는 국민성을 구성하는 것으로 보이던 것이 나중에는 부정된다는 것이다. 처음에는 한 부족이 국가인 것으로 보였다. 이웃 부족은 그 국가에 속하지 않았다. 나중에는 두 개의 부족이 국가를 구성하게 되고, 그 이후에는 한 지방이, 좀 더 나중에는 백작령이나 공작령 혹은 '왕국'이 국가가 된다. 레온은 국가였지만 카스티야는 거기에 포함되지 않았다. 나중에는 레온과 카스티야가 한 국가를 이루었지만 아라곤은 포함되지 않았다. 여기에 두 가지 원리가 있음이 분명하다. 하나는 끊임없이 극복되는 가변적인 것 — 각각의 언어나 방언을 지닌 부족, 지방, 공작령, '왕국' — 이고, 다른 하나는 모든 경계를 매우 자유롭게 뛰어넘고 정반대의 것도 단일한 것으로 간주하는 항구적인 것이다.

문헌학자들 — 오늘날 '역사가'라고 자칭하는 사람들을 이렇게 부른다 — 이 덧없이 지나가는 요즘 2세기 내지 3세기 어간의 서유럽 국가들을 다루면서 베르킨게토릭스(Vercingetorix)나 엘 시드 캄페아도르(el Cid Campeador)가 생-말로에서 슈트라스부르크에 이르는 프랑스를 꿈꾸거나 피니스테레에서 지브롤터에 이르는 스페인을 꿈꿨을 것이라고 상상하는 것은 정말 우스꽝스럽기 짝이 없는 희극이다. 이 문헌학자들은 — 순진한 극작가처럼 — 자신들이 다루는 영웅들로 하여금 30년 전쟁을 위해 출정하게 만든다. 그들은 프랑스와 스페인이 어떻게 형성된 것인지를 설명하기 위해 두 나라가 이미 프랑스인과 스페인인의 영혼 깊은 곳에 하나의 단일체로 선재하고 있었다고 가정한다. 마치 프랑스와 스페인이 등장하기 이전에 프랑스인과 스페인인이 처음부터 존재하고 있었던 것처럼! 마치 프랑스인과 스페인인이 2천 년 동안의 작업을 통해 형성되어야 하는 것이 아닌 것처럼!

분명한 사실은 현재의 국가들이란 영원한 자기 극복의 운명을 짊어진 가변적인 원리가 지금 드러난 것에 불과하다는 것이다. 여기서 그 원리는 혈연도 아니고 언어도 아니다. 프랑스나 스페인의 경우 혈연공동체와 언어공동체는 국가 통일의 결과이지 원인이 아니었기 때문이다. 현시대의 원리는 '자연 국경'이다.

외교관이 설전을 벌일 때에는 이 자연 국경의 개념을 자기 논지의 마지막 보루로 사용하는 것도 괜찮다. 그러나 역사가는 그것이 마치 불변의 거점인 것처럼 그 뒤에 숨어서는 안 된다. 그것은 항구적인 것도 아니고 특별한 것도 아니다.

우리가 엄밀하게 제기한 문제가 무엇인지 잊지 말기 바란다. 우리는 국민국가 — 요즘 흔히 국가라고 부른다 — 가 도시국가와 같은, 혹은 그와 반대로 아우구스투스가 건설한 제국 같은 다른 형태의 국가와 무엇이 다른지를 살펴보고 있다.[56] 이 주제를 더욱 명료하고 정확하게 표현한다면 다음과 같이 말할 수 있다. 즉 현실적으로 어떤 힘이 수백만 명의 사람들을 프랑스나 영국, 스페인이나 이탈리아, 독일이라고 부르는 공적 권위의 주권 아래에서 공동생활을 하게 만들었을까? 혈연공동체는 아니었다. 그 집단들 상호간에 매우 이질적인 피가 흐르고 있기 때문이다. 단일한 언어도 아니었다. 오

---

[56] 아우구스투스의 제국이 그의 양부 카이사르가 세우고자 했던 것과 반대라는 것은 주지의 사실이다. 아우구스투스는 카이사르의 정적이었던 폼페이우스의 방식을 따랐다. 지금까지 이 문제를 다룬 최상의 저서는 메이어(Eduardo Meyer)의 『카이사르의 군주정과 폼페이우스의 원수정 The Monarchy of Caesar and the Principate of Pompey』 (1918)이다.

늘날 한 국가로 모인 여러 민족들이 서로 다른 언어를 사용해 왔거나 지금도 그러하기 때문이다. 그들이 만일 인종이나 언어의 상대적인 동질성을 향유 ─ 그것을 향유물이라고 할 수 있다면 ─ 하고 있다면, 그것은 선행하는 정치적 통일의 결과이다. 따라서 혈연이나 언어가 국민국가를 만든 것이 아니다. 오히려 이 국민국가가 적혈구와 음절 발음의 근본적인 차이를 해소시켜준다. 언제나 그러했다. 국가가 이전의 혈연이나 언어 정체성과 일치하는 경우가 전혀 없었다고 말할 수는 없지만 거의 없었다. 스페인이 오늘날 전 지역에서 스페인어를 사용하기 때문에 스페인이 국민국가인 것은 아니다.[57] 그와 마찬가지로 아라곤과 카탈루냐의 주권이 미치는 지역적 경계가 한때 아라곤어나 카탈루냐어를 사용하는 경계와 일치했기 때문에 그들이 국민국가였던 것도 아니다. 모든 현실에 존재하는 예외를 존중하면서 다음과 같이 추정한다면 우리는 진실에 훨씬 더 가까이 다가설 것이다. 곧 일정한 지역 내의 언어적 통일은 모두 거의 예외 없이 선행하는 정치적 통일에서 비롯한다.[58] 국가는 언제나 위대한 통역관이다.

---

[57] 모든 스페인인이 스페인어를, 모든 영국인이 영어를, 모든 독일인이 표준 독일어를 말한다는 것조차도 순수한 사실이 아니다.

[58] 물론 한 국가의 언어가 아니라 국제어인 코이논(Koinón)과 링구아 프랑카(lingua franca, 혼성어)의 경우는 예외다.

이것이 밝혀진 것은 벌써 오래 전이다. 따라서 혈연과 언어를 계속 국가의 토대로 고집하는 것은 매우 이상한 일이다. 나는 여기서 부적절함을 발견하는 만큼이나 배은망덕함을 발견한다. 왜냐면 프랑스인은 오늘날의 프랑스에 대해, 스페인인은 오늘날의 스페인에 대해 혈연과 언어의 협소한 공동체를 뛰어넘는 추진력을 지닌 X원리의 빚을 지고 있기 때문이다. 그러니까 프랑스와 스페인은 그 협소한 공동체를 가능하게 한 것과는 반대의 원리에 기반을 두고 있는 것이다.

혈연과 언어가 제공할 수 없는 단일성의 원리를 '자연 국경'이라는 지리적 신비 속에서 발견하고 국가의 개념을 커다란 영토 위에 세우고자 할 때도 이와 유사한 오류를 범할 것이다. 여기서도 앞서 얘기한 것과 동일한, 시각상의 잘못에 직면한다. 현재의 환경은 이른바 국가라는 것이 대륙의 방대한 지역이나 인접한 섬들 위에 세워져 있음을 보여준다. 그런데 사람들은 현재의 이런 경계들로부터 항구적이고 정신적인 것을 만들어내고 싶어 한다. 그들은 이 경계를 '자연 국경'이라 부르고, 이 '자연성'을 내세워 역사가 지형에 의해 신비적으로 결정된다고 본다. 그러나 이런 신화는 혈연과 언어 공동체를 국가의 기원으로 삼는 방식을 무력화시키는 것과 동일한 추론으로 검토해보면 곧 깨지고 만다. 여기서도 몇 세기를 거슬러 올라가보면 프랑스와 스페인이 불가피한 '자연 국경'

을 가진 몇 개의 소국으로 나뉘어 있던 것을 보고 놀랄 것이다. 국경을 이루는 산맥이 피레네 내지 알프스 산맥보다 높지 않으며, 경계를 이루는 강도 라인 강이나 도버 해협 혹은 지브롤터 해협보다 크지 않다. 그러나 이것은 다만 국경의 '자연성'이 상대적인 것에 불과하다는 점을 보여준다. 그것은 당대의 경제적·군사적 흐름에 좌우되기도 한다.

잘 알려진 '자연 국경'이라는 역사적 실재는 A민족이 B민족 지역으로 팽창하는 데 장애가 될 뿐이다. A에게는 공동생활이나 전쟁의 장애지만 B에게는 방어선이다. 따라서 '자연 국경'이란 개념은 솔직히 국경보다 훨씬 더 자연적인 것으로서 민족들 간의 무제한적인 팽창과 통합의 가능성을 지니고 있다. 겉으로 보기에는 물질적인 장애만이 제동을 걸뿐이다. 어제와 그제의 국경은 오늘날 프랑스나 스페인 국가의 기초로 보이지는 않는다. 오히려 그 반대다. 그것은 통일 과정에 등장한 장애물이었다. 그러나 우리는 새로운 수단의 교통과 전쟁으로 말미암아 국경의 장애물 기능이 타파되었음에도 불구하고, 오늘날의 국경에 항구적이고 근본적인 성격을 부여하고 싶어 한다.

국경이 국가를 형성하는 적극적 기반이 아니었다고 한다면 그 역할은 무엇일까? 이는 도시국가와 대조적인 국민국가에 관한 진정한 관념을 이해하기 위해 매우 중요하다. 국경은 이미 성취한 정치적 통일을 계속 공고히 하는 데 이바지했다. 따라서 국경은 국가의 원리가 아니라 그 반대였다. 즉 처음에는 장애물이었다가 그것이 극복되고 난 다음에는 단일성을 보증하기 위한 물적 수단이 되었다.

또한 인종과 언어가 행한 역할도 이와 동일하다. 국가를 구성한 것은 이러저러한 자연 공동체가 아니라 그 반대다. 즉 국민국가는 통일을 경주하면서 기타의 많은 장애물들에 부딪친 것과 마찬가지로 언제나 다수의 인종 공동체와 언어 공동체에 직면했다. 이런 장애물을 강력하게 제압하고 나자, 혈연과 언어의 상대적인 통일이 이루어졌으며 이것이 단일성을 공고히 하는 데 이바지했다.

따라서 국민국가 개념과 관련하여 전통적인 오류를 시정하고, 국가의 구성요소로 생각해온 세 가지를 그 주요 장애물로 여기는 것 외에 다른 도리는 없다. 물론 오류를 시정하고 있는 지금은 내가 오류를 범하는 것처럼 보일 것이다.

국민국가의 비밀은 생물학이나 지리학 같은 외적인 원리가 아니라, 국가로서 국민국가가 지닌 특정한 영향력과 국민국가의 고유한 정책 자체에서 찾아야 한다는 점을 염두에 둬야 한다.

그런데 왜 사람들은 근대국가의 경이적인 사실을 이해하기 위해 인종과 언어와 영토를 고려할 필요가 있다고 생각했을까? 그것은 단지 그 속에서 고대 국가에서는 알려지지 않은 공적 권력과 개인들 간의 친밀성과 철저한 연대감을 발견할 수 있기 때문이다. 아테네와 로마에서는 소수의 사람들만이 국가였고 그 나머지 — 노예와 동맹시민, 속주민, 식민지인 — 는 신민에 불과했다. 영국과 프랑스와 스페인에서는 국가의 신민에 불과한 자는 아무도 없었고 모두가 언제나 국가와 함께 하는 참여자였다. 이런 국가와의 결합 형식, 특히 법적 형식은 시대에 따라 매우 달랐다. 상대적인 특권 계급과 상대적인 열등 계급 사이에는 개인의 지위와 권리에서 커다란 차이가 존재했다. 그러나 만일 각 시대 정치 상황의 현실을 따져보고 그 정신을 되살려본다면, 모든 개인이 국가의 능동적 주체인 참여자와 협력자 의식을 지니고 있었음을 분명히 알 수 있다. 국가 — 한 세기 훨씬 전부터 서구에서 사용된 의미의 — 는 공적 권력과 그것이 지배하는 집단의 '본질적인 연합'을 의미한다.

국가는 그 형태가 무엇이든 — 원시적이든, 고대적이든, 중세적이든, 근대적이든 — 언제나 어떤 사업을 공동으로 추진하기 위하여 한 집단의 사람들이 다른 집단의 사람들에게 건넨 초대장이다. 이 사업의 목적은 그 중간 절차가 어떠하든 간에 결국에는 일정한 형태의 공동생활을 조직하는 것이었다. 생활 계획과 행동 프로그램 혹은 업무 프로그램은 국가와 불가분의 관계를 가진 용어들이다. 경영 집단이 다른 집단들과의 협력을 설정하는 방식에 따라 다양한 종류의 국가가 생겨난다. 고대 국가에서는 다른 집단들과 전혀 융합할 수 없었다. 로마가 이탈리아 주민들과 속주민들을 지배하고 교육했지만 그들을 자신과 결합시킬 정도로 향상시키지는 않았다. 로마 도시 내에서도 시민들 간의 정치적 융합은 달성되지 못했다. 공화정 시기의 로마는 엄밀히 말해서 원로원의 로마와 평민의 로마 두 개였음을 기억해야 한다. 집단들 상호간에 아무 관련이 없는 외견상의 단순한 연결로는 국가 통일을 결코 이룰 수 없다. 그 결과 침략의 위협 속에서 다른 집단들의 애국심을 기대할 수 없는 제국은 오직 관료적인 행정수단과 전쟁수단으로 대응해야만 했다.

그리스와 로마의 집단들이 다른 집단들과 융합할 수 없었던 것은 몇 가지 근본적인 이유에서 비롯한다. 그 이유들은 여기서 자세히 검토할 필요 없이 한 가지로 요약할 수 있다. 곧 고대인은 원하든 원치 않든 국가의 기반이 되는 협력을 단순하고 초보적이며 조잡한 방식으로, 이를테면 지배자와 피지배자의 이원 체제로 해석했다.[59] 로마의 역할은 복종하는

---

59 이것은 일견 논쟁점인 것처럼 보이는 사실, 즉 제국의 모든 주민들에게 시민권을 부여했다는 사실을 확인해준다. 그런데 이 시민권 부여는 그 정치적 성격을 상실함에 따라 단순한 부담과 국가에 대한 봉사 혹은 단순한 시민권 소유로 전락하고 말았다. 노예제가

것이 아니라 지배하는 것이었고, 그 나머지의 역할은 지배하는 것이 아니라 복종하는 것이었다. 이렇듯 국가는 몇 개의 벽으로 물리적인 경계가 설정된 조직, 곧 포모에리움(pomoerium)으로 구체화되었다.

그러나 새로운 민족들은 국가를 물리적으로 해석하는 경향을 축소시켰다. 만일 국가가 공동의 사업 계획이라면, 그 실재는 순수한 동력, 곧 일종의 활동이자 행동하는 공동체다. 이에 따르면, 사업에 참여하는 모든 개인은 국가의 능동적인 부분을 형성하는 정치적 주체이다. 그리고 인종과 혈연, 지리적 귀속, 사회계급은 부차적인 것이다. 정치적 공동생활에 어울리는 공동체는 과거의 전통적이거나 태고적인 — 요컨대 숙명적이거나 개혁이 불가능한 — 공동체가 아니라 실제로 행동하는 미래의 공동체다. 우리가 국가로 모이는 것은 과거에 그랬기 때문이 아니라, 미래에 공동 작업을 하기 위해서다. 그러니까 서구에서는 단일한 정치체가 고대 국가를 얽어맨 모든 한계를 손쉽게 뛰어넘는다. 그리고 유럽인은 고대인(homo antiquus)과는 다르게 미래에 대해 열려 있고 의식적으로 미래를 향해 살아가며 미래의 관점에서 현재의 행동을 결정한다.

이런 정치적 경향은 필연적으로 점점 더 광범위한 통일을

원칙적인 가치를 지닌 문명에서 다른 것을 기대할 수는 없었다. 반면에 우리 '국가들'에게 노예제는 사라져 가는 잔재에 불과했다.

이끌어낼 것이다. 원칙상 이것을 제지하는 것은 아무 것도 없다. 융합력은 무한하다. 여기서 융합은 민족과 민족간의 융합뿐만 아니라 국민국가의 가장 큰 특징인 각각의 정치단체에 속한 사회계급들 간의 융합을 뜻하기도 한다. 국가의 영토가 확장되고 인종이 확대됨에 따라 내부적인 협력은 더욱 일원화된다. 국민국가는 근원적으로 민주적이다. 이는 정부 형태상의 그 어떤 차이보다도 더 중대한 의미를 지닌다.

국가의 개념을 과거 공동체에 근거하여 정의할 때, 단순히 혈연과 언어와 공통의 전통에 '일상적 국민투표'라는 새로운 속성을 추가했다는 이유로 르낭(Renan)의 방식을 언제나 최상이라고 받아들인다는 것은 흥미로운 일이다. 그러나 그 표현이 의미하는 바는 과연 잘 이해되고 있을까? 이제 우리는 르낭과는 반대되는, 하지만 훨씬 더 진실한 내용을 부여할 수는 없을까?

8

"과거의 영광과 현재의 의지를 공동으로 소유하고 위대한 사업을 함께 성취하며 그 밖의 다른 일도 행하길 바라는 것, 바로 여기에 한 민족을 구성하는 본질적인 조건들이 들어 있다.……영광과 회한의 과거 유산과 미래의 사업 계획……
국가는 일상적인 국민투표로 구성된다."

　이것은 매우 잘 알려진 르낭의 말이다. 이것이 그토록 유
명해진 까닭은 무엇일까? 그것은 두말할 나위 없이 마지막
구절 때문이다. 국가가 일상적인 국민투표로 구성된다는 생
각은 우리에게 일종의 해방감으로 작용한다. 혈연과 언어와
공통의 과거는 정적이고 숙명적이며 경직되고 불활성적인 원
리로서 감옥과 같은 것이다. 만일 국가가 다른 아무 것도 없
이 이것만으로 구성된다면, 그것은 우리의 배후에 있는 것이
고 따라서 우리가 할 수 있는 것이라고는 아무 것도 없다. 국
가란 존재하는 그 무엇이지 행동하는 그 무엇은 아닌 셈이다.
그리고 누군가의 공격을 받아도 그것을 방어한다는 것은 아
무 의미가 없을 것이다.

　좋든 싫든 인간의 삶은 미래에 대한 끊임없는 관심이다.
우리는 현재의 순간을 살면서 장차 일어날 일에 관심을 갖는
다. 그래서 산다는 것은 중단도 휴식도 없이 항상 활동하는
것이다. 사람들은 왜 활동이 모두 미래의 실현을 의미하는 것
이라는 데 관심을 기울이지 않았을까? 우리가 과거의 회상에
몰두하는 경우도 그렇다. 우리가 이 순간 무엇인가를 회상하
는 것은 그것이 비록 과거를 되살리는 즐거움에 불과한 것이
라 할지라도 당장에 뭔가를 얻기 위해서다. 얼마 전까지만 해

도 이런 소박하면서도 호젓한 즐거움이 우리의 바람직한 미래였다. 그래서 우리는 그것을 회상한다. 어쨌든 미래와 관련이 없는 것은 인간에게 아무 의미가 없다는 점은 분명하다.[60]

만일 국가가 과거와 현재로만 구성되는 것이라면, 침략으로부터 국가를 방어하느라 신경 쓸 사람은 아무도 없을 것이다. 이를 부정하는 사람은 위선자이거나 정신병자일 것이다.

---

[60] 이런 관점에서 보면 인간은 불가피하게 미래지향적인 체질을 지니고 있다. 다시 말해서 인간은 무엇보다도 미래 속에서, 미래를 위해 살아간다. 그럼에도 불구하고 나는 고대인과 유럽인을 대비시켜 전자는 미래에 대해 상대적으로 닫혀있고 후자는 상대적으로 열려 있다고 말했다. 이 두 주장 사이에는 명백한 모순이 존재한다. 이것은 인간이 이중적인 존재라는 사실을 망각할 때 나타난다. 인간은 한편으로는 본래의 모습 그대로 존재하고, 다른 한편으로는 본래의 모습과 다소 일치하는 자기 자신에 대한 관념을 지니고 있다. 사실 우리의 관념, 기호, 욕망이 우리의 진정한 존재를 무화시킬 수는 없다. 그러나 그것을 복잡하게 하고 수정할 수는 있다. 고대인과 유럽인 모두 미래에 관심을 갖지만, 전자는 미래를 과거의 체제에 예속시키는 반면, 우리는 미래나 그와 유사한 새로운 것에 더 많은 자율성을 부여한다. 존재가 아닌 선호에서 나타나는 이런 대립은 유럽인을 미래지향적인 것으로, 고대인을 과거지향적인 것으로 평가하는 것을 정당화시킨다. 유럽인이 잠에서 깨어나 자신을 파악하자마자, 자신의 삶을 '현대'라고 부르기 시작한 것은 시사적이다. 주지하듯이 '현대'란 낡은 습관을 부정하는 새로운 것을 일컫는 말이다. 이미 14세기 말에 당시 가장 예민한 관심을 불러일으킨 사안들에 대해 현대성이 강조되기 시작했으며, 또한 이를테면 일종의 '신비 신학'의 전위인 현대 신앙이 거론되기도 했다.

그러나 국가의 과거는 미래에 매혹을 — 실재적이든 가상적이든 — 줄 수는 있다. 우리에게는 미래에도 국가가 계속 존재하는 것이 바람직한 것으로 보인다. 이런 이유로 우리는 국가를 방어하는 데 발 벗고 나선다. 혈연이나 언어, 공통의 과거 때문이 아니다. 국가를 지키는 것은 우리의 내일을 지키는 것이지 어제를 지키는 것이 아니다.

이것이 국가란 내일의 훌륭한 계획이라는 르낭의 말이 가리키는 것이다. 국민투표는 미래를 결정한다. 이 경우 미래가 과거의 지속으로 이루어진다는 사실은 문제의 초점을 조금도 흩트리지 않는다. 그것은 르낭의 정의마저 회고적인 것이라는 사실을 드러내줄 뿐이다.

그러므로 국민국가는 고대의 폴리스나 혈연의 제약을 받는 아랍의 '부족'보다도 순수한 국가 이념에 더 가까운 원리를 지니고 있다. 사실 국가 이념에는 과거, 영토, 인종에 대한 적지 않은 귀속감이 존재한다. 그러나 바로 이점 때문에 그 속에서 매혹적인 생활 계획을 중심으로 순수한 통일 원리가 언제나 승리한다는 것은 놀라운 일이다. 그뿐만이 아니다. 나는 과거의 부담과 물질적 원리의 상대적인 제약이 서구의 정신 속에서 완전히 자발적으로 생겨난 것이 아니라, 낭만주의자들이 국가의 이념에 대해 내린 박식한 해석에서 비롯된 것이라고 말하고 싶다. 만일 중세에 19세기적인 국가 개념이 존재했다면, 영국과 프랑스, 스페인과 독일은 탄생하지 못했을 것이다.[61] 그 까닭은 그런 해석이 국가의 형성과 촉진을 단지 그것을 공고히 유지하는 것과 혼동하고 있기 때문이다. 국가를 만든 것은 애국심이 아니다. 이와 반대로 생각하는 것은 내가 이미 앞서 언급한 바 있고 르낭 자신도 유명한 정의를 통해 인정한 바 있는 우스꽝스러운 짓이다. 국가가 존재하기 위해 한 인간 집단이 공통의 과거에 의존할 필요가 있다면, 오늘날의 관점에서 볼 때 과거인 그 상황을 현재로 살던 그 집단을 뭐라고 불러야 좋을지 묻고 싶다. "우리는 한 국가다."라고 말할 수 있기 위해서는 이 공동생활이 소멸해야 했던 것처럼 보인다. 여기서 문헌학자와 기록관리요원의 직업적 해악, 곧 과거가 아닐 경우 실재를 보지 못하게 하는 그들의 직업적 관점을 발견할 수 있지 않은가? 문헌학자는 문헌학자이기 때문에 과거의 존재를 필요로 한다. 그러나 국가는 공통의 과거를 소유하기 이전에 공동체를 창조해야 했고, 공동체를 창조하기 이전에 그것을 꿈꾸고 바라며 계획해야 했다. 국가는 그 자체의 계획이 있으면 존재할 수 있다. 여러 차례 그러했듯이 설사 그것을 달성하지 못하고 실패한다 할지라도 말이다. 이런 경우를 우리는 요절한 국가(예를 들어 부

61 국가의 원리는 연대기적으로 볼 때 18세기 말 낭만주의의 최초의
   징후 가운데 하나였다.

르고뉴 왕국)라고 부를 수 있을 것이다.

스페인은 중남미의 여러 민족들과 과거, 인종, 언어를 공유했지만 그들과 더불어 국가를 형성하지는 않았다. 왜 그랬을까? 본질적인 것이라고 할 수 있는 단 한 가지, 곧 미래를 공유하지 않았기 때문이다. 스페인은 동물학적으로 유사한 그런 집단을 끌어들일 장래 계획을 만들어내지 못했다. 미래의 국민투표는 스페인에게 불리했다. 고문서도 기억도 조상도 '조국'도 아무 소용이 없었다. 공동의 미래가 있으면 이 모든 것들이 응집력을 발휘하겠지만 그 이상은 아니다.[62]

그러므로 나는 국민국가 속에서 국민투표의 역사적 구조를 본다. 이것을 제외한 다른 요소들은 일시적이고 유동적인 가치를 지닌 것으로서 국민투표가 매순간 필요로 하는 내용이나 형태 혹은 결속을 대변하는 것들이다. 르낭은 광채를 띤 마술적인 용어를 찾아냈다. 그 덕분에 우리는 국가의 본질적인 내부를 음극선으로 비춰볼 수 있다. 그것은 첫째 공동 사업을 통한 전면적인 공동생활 계획, 둘째로 이 매력적인 사업에 대한 사람들의 지지라는 두 가지 요소로 구성되어 있다. 모든 사람들의 지지는 국민국가를 고대국가 전체와 구별시켜

---

[62] 지금 우리는 실험실에서처럼 거대하고 명확한 실험에 조력하고 있다. 영국이 제국의 다양한 부분들에 매력적인 계획을 제시하여, 그들을 공동생활을 영위하는 단일한 주권국가로 통합하는 데 성공할 수 있을 것인지의 여부를 우리는 지켜보고 있는 것이다.

주는 내적 견고함을 제공해준다. 고대국가에서는 상이한 집단들에 대한 국가의 외압에 의해 통일이 이루어지고 유지된 반면, 국민국가에서는 '국민들'의 자발적이고 뿌리 깊은 응집력에서 국가의 활력이 솟아난다. 실제로 이제는 국민들이 국가가 되었고 그것을 국민들과 무관한 어떤 것으로 생각할 수 없게 되었다.(이것이 국가의 새롭고도 경이적인 측면이다)

그런데 르낭은 이미 형성된 국가의 지속 여부를 결정하는 회고적인 내용을 국민투표에 부여함으로써 자신이 주장한 내용의 타당성을 거의 잃어버렸다. 나는 그 징후를 바꿔서 탄생 중인 국가에 위력을 발휘하게 하고 싶다. 이런 관점이 대단히 중요하다. 왜냐하면 국가는 사실 결코 완성된 것이 아니기 때문이다. 국민국가는 이 점에서 다른 유형의 국가들과 다르다. 국가는 언제나 형성 중에 있거나 해체 중에 있다. 제3의 가능성은 없다.(Tertium non datur) 국가는 왕성한 사업을 제시하느냐 하지 않느냐에 따라 지지를 얻거나 상실한다.

따라서 서구 집단들의 열정을 끊임없이 불태운 일련의 통일 사업을 살펴보는 것이 매우 유익할 것이다. 그러면 공적으로 뿐만 아니라 심지어 내밀한 사생활에서도 유럽인들의 삶이 이 사업과 무슨 관계가 있었는지를, 눈앞에 보이는 사업의 존재 유무에 따라 그들의 사기가 어떻게 앙양되거나 저하되거나 했는지를 알 수 있을 것이다.

이 연구는 또 다른 한 가지를 밝혀줄 것이다. 고대인들의 국가사업은 사업의 대상인 인간 집단들의 지지를 필요로 하지 않았다는 점과, 이른바 국가가 언제나 한 가지 숙명적인 한계 —부족이나 도시— 의 제약을 받았다는 점에서 사실은 무제한적이었다. 한 민족 —페르시아든 마케도니아든 로마든— 이 지구상의 어떤 지역이라도 자신의 통치권에 굴복시킬 수 있었던 것이다. 이런 통일은 진정한 것도 아니었고 내적이거나 결정적인 것도 아니었기 때문에, 피정복자는 정복자의 군사·행정적 효능을 제외한 그 어떤 조건에도 종속되지 않았다. 그러나 서구에서는 국가 통일이 불가피한 일련의 단계를 거쳐야만 했다. 유럽에서는 페르시아 제국과 알렉산드로스 제국, 혹은 아우구스투스 제국과 같은 규모의 제국이 불가능했다는 사실에 놀라지 않을 수 없을 것이다.

유럽의 국가건설 과정은 언제나 다음과 같은 흐름으로 진행되었다. (제1기) 다양한 민족이 단일한 정치·도덕적 공동생활로 융합된 것을 국가라고 인식하는 서구의 독특한 본능이 지리·인종·언어적으로 가장 인접한 집단에 작용하기 시작한다. 그 까닭은 인접성이 국가를 만들기 때문이 아니라 인접 집단들 간의 다양성을 극복하는 것이 매우 쉬웠기 때문이다. (제2기) 신생 국가에서 멀리 떨어진 다른 민족을 이방인이나 적으로 간주하는 통합의 시기. 이 시기는 국가형성 과정상 내부로 집결하는 배타주의적인 측면이, 요컨대 오늘날 국가주의라고 부르는 것이 나타나는 시기다. 하지만 사실상 다른 민족을 정치적으로는 이민족이나 경쟁자로 느꼈지만 경제적·지적·도덕적으로는 함께 생활했다. 국가주의 전쟁은 기술과 정신의 차이를 평준화시키는 데 기여했다. 종래의 적들이 점차 역사적으로 동질화되었다.[63] 적들도 우리 국가와 동일한 인간 범주에 속한다는 의식이 조금씩 지평선에서 드러난다. 그럼에도 불구하고 그들을 여전히 이민족이나 적으로 생각한다. (제3기) 국가는 완전한 통합을 향유한다. 어제까지 적이던 민족들을 통합하는 새로운 사업이 등장한다. 도덕과 이해관계에 있어 그들이 우리와 유사하다는 확신과 그들과 함께 보다 원거리에 있는, 훨씬 먼 관계에 있는 다른 외국인 집단들에 맞서 하나의 국가권을 형성할 수 있다는 확신이 커진다. 이렇게 하여 새로운 국가 이념이 무르익어간다.

예를 들어보면 내가 말하고자 하는 바가 분명해질 것이다. 엘 시드 시대의 스페인 — 스파냐(Spania) — 이 이미 국가 개념이었다고 흔히 주장되고 있으며, 그 근거로 수세기 전에 산 이시도로(San Isidoro)가 '모국 스페인'에 대해 얘기한 적이 있다고 덧붙인다. 내가 보기에 이것은 상당히 잘못된 역사적

---

63 이런 동질성이 본래의 다양한 조건들을 존중하고 무시하지 않는다고 할지라도 마찬가지이다.

조망이다. 엘 시드의 시대에는 레온-카스티야 왕국이 건설되는 도중에 있었다. 그래서 레온-카스티야 왕국이 정치적으로 유효한 당시의 국가 개념이었다. 반면에 스파냐는 주로 학자들이 사용한 개념이었으며 로마 제국이 서구에 심은 풍부한 개념들 가운데 하나였다. '스페인인들'은 로마에 의해 하나의 행정 단위와 제국 후기의 한 관구로 분류되는 데 익숙해 있었다. 그러나 이 지리·행정적인 개념은 내적인 영감이나 열망에서 나온 것이 아니라 순전히 외부로부터 수용한 것이었다.

11세기의 개념에 아무리 많은 현실성을 부여하고 싶다고 할지라도, 그것은 헬라스(Hellas)라는 개념이 4세기의 그리스인들에게 의미한 효력과 정확도에도 미치지 못한다는 사실을 인정해야 할 것이다. 헬라스는 결코 진정한 국가 개념이 아니었다. 실제 역사적인 상응 관계는 오히려 다음과 같을 것이다. 즉 4세기 그리스인들의 헬라스와 11세기 내지 심지어 14세기 스페인인들의 스파냐는 19세기 '유럽인들'의 유럽과 동일한 것이었다.

이것은 마치 소리들이 하나의 멜로디를 이루듯이 국가 통일 과업이 어떻게 목적을 향해 전진하는지를 보여준다. 어제의 단순한 유사성이 국가적 열망의 분출 속으로 들어가기 위해서는 내일까지 기다려야 한다. 하지만 그 때가 오리라는 것은 거의 확실하다.

바야흐로 유럽인들에게는 유럽이 국가 개념으로 전환될 때에 이르렀다. 오늘날 이런 생각을 하는 것은 11세기에 스페인과 프랑스의 통일을 예언했던 것보다 훨씬 덜 유토피아적인 것이다. 서구의 국민국가는 그 진정한 본질에 충실하면 할수록, 곧바로 하나의 거대한 대륙 국가로 정제되어갈 것이다.

9

서구의 국가들이 오늘날과 같은 모습을 드러내자마자 유럽이 일종의 배경처럼 그 주위와 배후에 출현했다. 유럽은 서구 국가들이 르네상스 이후 그 속에서 활동을 펼쳐온 단일한 풍경이며 그런 국가들 자체가 유럽의 풍경을 이룬다. 그들은 은연중에 이미 자신들의 호전적인 성격을 버리기 시작했다. 프랑스와 영국, 스페인과 이탈리아, 독일은 서로 전쟁을 벌이면서 반대 동맹의 체결, 해체, 재편을 거듭했다. 그러나 이 모든 것은 그 국가들이 대등한 공동생활을 영위했다는 것을 보여준다. 이는 로마가 전시는 물론 평화시에도 켈티베로인, 갈리아인, 브리튼인, 게르만인과 결코 이룰 수 없었던 것이다. 역사는 우선적으로는 갈등을, 일반적으로는 정치를 부각시켜

왔다. 정치는 통일의 열매를 거두기에는 가장 시간이 걸리는 분야다. 그러나 한 지역에서 교전이 진행되는 동안 백 개의 지역에서는 적과의 교역이 이루어지고 사상과 예술양식과 신조의 교류가 진행되었다. 전쟁의 소란은 일종의 단순한 장막일 뿐, 그 배후에서는 평온한 평화의 방적기가 열심히 작동하여 적대 국가들의 삶을 직조하고 있다고 말할 수 있을 것이다. 세대를 거듭하면서 정신의 동질성이 증대되었다. 이를 좀더 정확하고 좀더 신중하게 말하고 싶다면 이렇게 얘기할 수 있을 것이다. 곧 프랑스인과 영국인과 스페인인의 정신이 예상하는 것처럼 과거에도 달랐고 현재에도 다르며 미래에도 다르겠지만, 그들은 심리적으로 동일한 계획이나 구조를 지니고 있으며, 특히 공통의 내용을 획득해나가고 있다고 말이다. 종교와 과학, 법률과 예술, 사회적·성적 가치를 공유해나가고 있다. 이런 것들은 인간이 살아가는 데 필요한 정신적인 것들이다. 그 결과 동일한 주형에서 만들어진 경우보다 정신의 동질성이 더욱 커진다.

오늘날 우리의 정신적인 내용 — 의견, 규범, 욕망, 자부심 —을 결산해보면, 그 대부분이 프랑스에서 나온 것도 아니고 스페인에서 나온 것도 아니며 유럽의 공동 자산에서 나온 것임을 발견하게 된다. 오늘날 우리 각자에게는 사실 프랑스인이나 스페인인에게서 비롯된 차별적인 몫보다는 유럽인이라는 공통적인 내용이 훨씬 더 크게 작용한다. 만일 우리가 순수하게 '국민'이라는 존재만으로 살기로 하는 가상실험을 하여 평균 프랑스인에게서 대륙의 다른 나라들로부터 받아들인 일체의 습관과 사고와 감정을 제거해버린다면, 그는 두려움을 느낄 것이다. 또한 스스로 그렇게는 살 수 없다는 것과 그가 지닌 정신적 자산의 5분의 4가 유럽의 공유재산이라는 것을 깨달을 것이다.

여기 지구의 일부에서 살고 있는 우리가 4세기 전부터 유럽이라는 말이 의미해온 약속을 실현하는 것 이외에 다른 어떤 중대한 일을 할 수 있으리라고는 생각할 수 없다. 옛 '국가들'의 편견, 곧 과거지향적인 국가 개념만이 이에 반대할 뿐이다. 유럽인들 또한 롯의 아내의 자손들로서 뒤를 돌아보며 역사 만들기를 고집할지 어떨지는 이제 곧 알 수 있을 것이다. 로마에 대한, 그리고 일반적으로 고대인에 대한 언급은 우리에게 하나의 경고로서 도움을 주고 있다. 어떤 유형의 인간이 자신의 머릿속에 한번 주입된 국가의 개념을 포기하는 것은 극히 어렵다. 그것을 의식하든 안 하든 유럽인이 세상에 들여온 국민국가라는 개념은 다행스럽게도 설교를 늘어놓는 문헌학적인 현학적 개념은 아니다.

이제 이 글의 주제를 요약해보자. 오늘날 세계는 심각한 타락 현상을 보이고 있다. 여러 가지 징후들 가운데서도 대중의 터무니없는 반역이 두드러진다. 이 반역의 기원은 유럽의 도덕적 타락에 놓여 있다. 이 도덕적 타락을 불러일으킨 요인은 다양하다. 그 주요 요인 가운데 하나는 유럽 자신과 그 외부 세계에 대해 행사해오던 유럽의 권력이 사라졌다는 것이다. 유럽의 지배가 불확실해지고 나머지 세계의 피지배도 불확실해졌다. 역사적인 주권이 흩어져버렸다.

이제 19세기처럼 명백하게 예정된 확실한 미래를 상정하는 '시대의 충만함'이란 없다. 19세기에는 사람들이 내일 무슨 일이 일어날지를 안다고 생각했다. 그러나 지금은 새로운 미지의 방향을 향해 지평선이 펼쳐진다. 누가 지배할지, 지상의 권력이 어떻게 조직될지를 모르기 때문이다. 여기서 누가라는 말은 민족이나 민족 집단, 인종, 이데올로기, 기호와 규범과 생활체계 등을 일컫는다.

인간사가 가까운 장래에 어떤 무게 중심으로 균형을 잡을지 모른다. 그래서 세계의 삶은 형편없는 일시적인 것에 빠져든다. 오늘날 공적인 분야와 사적인 분야 — 심지어 내면적인 분야 — 에서 일어나는 모든 것은 일부 과학의 특정 분야를 제외하고는 모두 일시적인 것이다. 오늘날 진행되는 선언과 지지, 실험과 찬양의 모든 내용을 신뢰하지 않는 자가 현명한 사람이다. 그런 것은 모두 나오기가 무섭게 사라져버린다. 스포츠에 대한 열광(열광이지 스포츠 자체가 아니다)에서 정치폭력에 이르기까지, '신예술'에서 익살스런 해변의 일광욕에 이르기까지 모든 것이 그렇다. 그 어느 것도 뿌리가 없다. 그 모든 것이 나쁜 의미의 순수한 발명품으로서 경거망동에 해당하기 때문이다. 그것은 삶의 본질에서 나온 창조물도 아니고 진정한 열망이나 필요도 아니다. 요컨대 그 모든 것은 삶의 본질적인 차원에서 보면 거짓이다. 여기에 진실성을 기르는 동시에 위조를 꾀하는 모순적인 생활양식이 존재한다. 오직 진실한 행동을 불가피한 것으로 느끼는 삶 속에만 진실이 있을 뿐이다. 오늘날 자신의 정치 활동을 불가피하다고 느끼는 정치인은 아무도 없다. 그의 태도가 극단적이고 경박스러울수록, 그리고 운명의 강제를 덜 받을수록 불가피성을 덜 느낀다. 불가피한 무대들로 구성된 삶보다 더 뿌리 깊은 삶도 없으며 더 토착적인 삶도 없다. 그 밖의 삶, 곧 우리의 손으로 취하거나 버리거나 대체할 수 있는 삶은 분명 거짓된 삶이다.

현재의 삶은 과거의 조직과 미래의 조직이라는 두 가지 역사 지배 조직 사이의 틈새의 산물이다. 따라서 이 삶은 본질적으로 일시적이다. 남자들은 어떤 기관을 진정으로 섬겨야 할지 모르고, 여자들은 어떤 유형의 남자를 진정으로 좋아해야 할지 모른다.

유럽인들은 거대한 단일 사업이 없다면 살아갈 수 없다. 이런 사업이 없으면 얼이 빠지고 맥이 풀리며 비열해진다. 이런 현상이 오늘날 우리 눈앞에 전개되기 시작하고 있다. 이제까지 국가라고 불러온 것은 최근 한 세기 전에 최대로 팽창했고, 그래서 그것을 초월하지 않고서는 아무 것도 할 수 없게 되었다. 그것은, 그 주위와 배후에 누적되어 유럽을 꽁꽁 묶어 짓누르는 과거에 다름 아니다. 그 어느 때보다도 더 많은 삶의 자유를 누리면서도 우리는 모두 각각의 국가 속에서 호흡 곤란을 느끼고 있다. 공기가 밀폐되어 있기 때문이다. 이전에는 개방되어 공기가 잘 통하는 거대한 환경이었던 나라들이 이제는 한 개의 주(州)와 '실내'로 바뀌었다. 우리가 상상하는 초(超)국가 유럽에서는 현재의 다원성이 사라질 리가 없고 사라져서도 안 된다. 고대 국가가 각 민족들의 차이를 철폐하거나 전혀 쓸모없게 만들거나, 아니면 기껏해야 미이라로 만들어 보존한 반면, 가장 순수한 역동적인 국가 개념은 항상 서구의 생명으로 존재해온 이 다원성을 적극적으로 유지시킨다.

누구나 다 새로운 삶의 원리가 시급히 필요함을 느끼고 있다. 그러나 — 이런 위기 때에는 언제나 그러하듯이 — 일부는 이미 기력을 상실한 원리를 인위적으로 더욱 강화하여 상황을 모면하려고 한다. 최근의 '국가주의'는 바로 이런 맥락에서 분출한 것이다. 거듭 말하지만 언제나 그래왔다. 마지막 불꽃이 가장 길고, 마지막 숨이 가장 깊은 법이다. 군사적·경제적 국경은 사라지기 직전에 더욱 긴장을 고조시킨다.

그러나 국가주의는 모두 막다른 골목이다. 그것을 미래에
투사시켜보라. 한계를 느낄 것이다. 어느 쪽으로도 나갈 길이
없다. 국가주의는 언제나 국가 창조의 원리와는 대립적인 방
향을 지향했다. 국가 창조의 원리는 포용적인 데 반해 국가주
의는 배타적이다. 그럼에도 불구하고 국가 통합의 시기에는
국가주의가 긍정적인 가치를 지닌 높은 규범이었다. 그러나
유럽에서는 모든 국가의 통합이 이미 넉넉하게 진행되었기
때문에, 국가주의는 발명의 의무와 대규모 사업 추진 의무를
회피하기 위한 구실이자 일종의 편집광에 불과하다. 국가주
의가 사용하는 수단의 단순성과 그것이 찬미하는 인간 유형
을 보면 그것이 역사 창조와 반대되는 것임을 알 수 있다.

오직 대륙의 여러 민족 집단으로 하나의 거대한 국가를 건
설하겠다는 결정만이 유럽의 맥박을 다시 뛰게 만들 것이다.
유럽이 다시 스스로를 신뢰하고 그에 따라 많은 것을 요구하
면서 자진해서 단련을 시작할 것이다.

그러나 상황은 일반적인 평가보다 훨씬 더 심각하다. 해를
거듭할수록 유럽인은 현재의 이런 저조한 삶에 익숙해지고
지배하지도 않고 지배받지도 않는 데 길들여질 위험이 있다.
그럴 경우 유럽의 수준 높은 덕과 능력 모두가 사라져버릴 것
이다.

그러나 국민화 과정에서 항상 그런 것처럼 보수 계급은 유럽 통합을 반대한다. 이것이 그들에게 파국을 초래할 수도 있다. 왜냐하면 유럽을 결정적으로 타락하게 하고 그 역사적 힘 일체를 상실하게 만들 일반적인 위험에 매우 구체적이고 임박한 위험이 추가되기 때문이다. 러시아에서 공산주의가 승리하자 많은 사람들은 서구 전체가 적색의 물결로 넘쳐날 것이라고 생각했다. 나는 그런 예측에 동조하지 않았다. 오히려 그와 반대로 나는 당시 러시아의 공산주의가 개인주의라는 카드에 역사의 모든 노력과 열정을 바친 유럽인에게는 어울리지 않는 내용이라고 썼다. 세월이 흘러 이전에 두려워 떨던 사람들이 오늘날 평정을 회복했다. 평정을 완전히 상실할 수도 있는 바로 그 시점에서 그것을 회복한 것이다. 왜냐하면 지금이야말로 휘몰아치는 의기양양한 공산주의가 유럽으로 확산될 수 있는 시기이기 때문이다.

내 추측은 이렇다. 전에도 그랬지만 지금도 러시아 공산주의 강령이 유럽인들의 관심을 끌지도 않고 그들을 매혹하지도 않으며 그들에게 바람직한 미래를 그려주지도 않는다. 그것은 어느 사도들과 마찬가지로 완고하고 고집불통이며 진실성이 결여된 공산주의 사도들이 흔히 주장하는 사소한 이유 때문이 아니다. 서구의 부르주아지는 공산주의가 없더라도, 오직 금리로만 생활하다가 그것을 자녀들에게 물려주는 사람의 수명이 그리 길지 않다는 것을 매우 잘 알고 있다. 유럽을 러시아의 신조로부터 면역시켜주는 것은 이런 것도 아니고 공포는 더욱 아니다. 20년 전 소렐이 자신의 폭력 전술의 기초로 삼았던 임의의 전제들이 오늘날 우리들에게는 매우 우습게 보인다. 부르주아지는 자신이 생각했던 것처럼 겁쟁이가 아니며, 오늘날에는 노동자들보다 더욱 폭력적인 경향을 보인다. 러시아에서 볼셰비즘이 승리를 거둔 이유가 부르주아지가 부재했기 때문이라는 것을 모르는 사람은 아무도 없다.[64] 일종의 쁘띠부르주아 운동인 파시즘은 노동운동 전체를 합친 것보다도 더 폭력적이라는 사실이 밝혀졌다. 따라서 유럽인이 공산주의로 피신하는 것을 막아주는 것은 공포가 아니다. 그에 앞선 훨씬 더 단순한 한 가지 이유 때문이다. 즉 유럽인이 공산주의 조직을 통해 인간의 행복이 증진된 것을 보지 못했기 때문이다.

그런데 거듭 말하지만 다음 수년 동안엔 유럽이 볼셰비즘에 열광할 가능성이 다분히 있다고 본다. 그것은 볼셰비즘 때문이 아니라 볼셰비즘임에도 불구하고 그렇다.

소비에트 정부가 강력하게 추진하는 '5개년 계획'이 기대를 달성하고, 거대한 러시아 경제가 재건될 뿐만 아니라 번성

---

64 이것은 마르크스의 사회주의와 볼셰비즘이 공통적인 차원이 거의 없는 별개의 역사 현상이라는 사실을 충분히 확인시켜준다.

한다고 상상해보라. 볼셰비즘은 그 내용이 무엇이든 간에 거대한 인간 사업을 표상하고 있다. 사람들은 그 속에서 개혁의 운명을 결연히 받아들이고 그들에게 주입된 신념의 규율 아래에서 긴장하며 살고 있다. 만일 인간의 열정으로는 어쩔 수 없는 우주적인 문제가 그 의도를 좌절시키지 않고 다만 약간이라도 자유로운 길을 열어준다면, 이 거대한 사업의 찬란한 빛은 마치 타오르는 새로운 혜성처럼 대륙의 지평선을 밝게 비출 것이다. 반면에 유럽이 만일 훈련 부족으로 긴장이 풀린 가운데 새로운 삶의 계획도 없이 요즘 같은 비천한 무위도식 생활을 계속해 나간다면, 그토록 거대한 사업의 영향력을 어떻게 모면할 수 있겠는가? 맞서서 높이 펼쳐들 다른 깃발이 없는데 새로운 행동을 요구하는 나팔소리를 태연스레 들을 수 있기를 바라는 것은 유럽인에 대해 잘 모르는 소치다. 의미 있는 삶에 이바지하고 실존의 공허를 탈피하게 해준다면, 유럽인이 공산주의에 대한 반대를 철회하기란 어렵지 않다. 이는 그가 그 내용이 아니라 도덕적인 태도에 이끌리고 있다고 생각하기 때문이다.

나는 유럽을 거대한 국민국가로 건설하는 일이야말로 '5개년 계획'의 성공에 대항할 수 있는 유일한 사업이라고 생각한다.

정치경제학 전문가들은 이런 계획의 성공 가능성이 매우

희박하다고 확신한다. 그러나 자신의 적이 당면한 물질적 곤경에 모든 기대를 걸고 있는 반공주의는 비열한 짓이다. 공산주의의 몰락이 총체적인 파멸, 곧 모든 사물 및 모든 현대인의 파멸과 맞먹을지 모른다. 공산주의는 일종의 엉뚱한 '도덕' ― 도덕과 유사한 것 ― 이기 때문이다. 그 슬라브족의 도덕에 서구의 새로운 도덕, 새로운 생활 프로그램으로 맞서는 것이 훨씬 가치 있고 풍요롭지 않겠는가?

15장　진정한 문제에 도달하다

문제는 바로 유럽에 도덕이 없어졌다는 것이다. 이는 대중이 새로 출현하는 도덕을 위해 낡은 것을 경시한다는 것이 아니라, 자신의 생활 체제의 중심에서 어떤 도덕에도 매이지 않은 채 살아가길 열망한다는 것이다. 젊은이들이 '새로운 도덕'에 대해 얘기하더라도 한마디도 믿어서는 안 된다. 나는 오늘날 유럽 대륙의 어느 한 구석에라도 도덕의 외양을 갖춘 새로운 에토스(ethos)에 정통한 집단이 존재한다는 것을 단호히 부정한다. 그것은 '새로운 것'을 운운하면서 또 다른 부도덕한 행위를 저지르게 하고, 부정을 행하기 위한 편리한 수단을 찾게 하는 것에 불과하다.

이런 까닭에 오늘날의 인간을 도덕이 없다고 비난하는 것은 순진한 것일 수 있다. 그는 이런 비난에 눈 하나 까딱하지 않고 오히려 즐길 것이다. 부도덕한 것이 이미 다반사가 되어 누구든 보란 듯이 행한다.

만일 이 글에서 다룬 대로 과거의 잔재라고 할 수 있는 모든 집단들 — 기독교도, '이상주의자', 구 자유주의자 등 — 을 제쳐둔다면, 현대를 대표하는 모든 집단들의 삶의 태도는 권리란 권리는 모두 차지하고 의무는 전혀 감당하지 않으려 한다는 것이다. 반동주의의 탈을 쓰든 혁명주의의 탈을 쓰든 아무래도 상관없다. 한 두 차례 뒤집어보면, 결국 모든 의무는 무시하고 아무 문제의식도 없이 무제한의 권리를 소유하고 있다고 생각할 뿐이다.

이런 정신에 그 어떤 내용을 집어넣더라도 그것은 동일한 결과를 낳을 것이며, 오히려 구체적인 것에는 일체 복종하지 않아도 된다는 구실로 바뀌고 말 것이다. 만일 어떤 사람이 반동주의자나 반자유주의자로 자처한다면, 그것은 아마 조국과 국가를 구하는 일이라면 다른 모든 규범을 무시할 수 있고, 특히 이웃이 훌륭한 인격을 소유하고 있을 경우라도 그 이웃을 억압할 수 있다고 주장하기 위해서일 것이다. 혁명주의자로 자처하는 경우에도 이와 동일한 현상이 나타난다. 그는 육체노동자와 불쌍한 자, 사회 정의에 대한 그럴싸한 열정을 앞세워 모든 의무 — 이를테면, 예의, 진실, 특히 상급자들에 대한 존경이나 존중 — 를 무시하려 한다. 나는 적잖은 사람들이 단지 지성을 경멸하고 지성 앞에서 굽실거리지 않아도 될 권리를 얻기 위해 이런저런 노동자정당에 가입한다고 알고 있다. 우리는 독재 체제들도 탁월하다고 여겨지는 것은 무엇이든 짓밟아버림으로써 대중에 영합하는 것을 목격해왔다.

모든 의무에 대한 이런 무관심은 우리 시대에 '청년' 강령이 유행하는 우스꽝스럽기도 하고 망측하기도 한 현상을 부분적으로 설명해준다. 아마 우리 시대에 이보다 더 이상한 특징은 없을 것이다. 사람들은 우습게도 '청년'을 자처한다. 왜냐하면 의무 이행을 원숙기까지 무기한 연기할 수 있어서 청년에게는 의무보다 권리가 더 많다고 들어왔기 때문이다. 청년은 이렇듯 현재나 과거의 공적에서 언제나 자유로운 것처럼 생각되었다. 청년은 항상 신용으로 살아왔다. 그것은 청년이 아닌 사람들이 청년들에게 허용한 반쯤 얄궂고 반쯤 애정 어린 허위 권리와 같은 것이었다. 그런데 지금 청년들은 뭔가를 성취한 자만이 누릴 수 있는 온갖 권리를 향유하기 위해 그것을 유효한 권리로 받아들이다니 그저 놀라울 뿐이다.

거짓말처럼 보일지라도, '청년'은 일종의 공갈(chantage)이 되었다. 실제로 우리는 보편적인 공갈의 시대에 살고 있다. 이 공갈에는 두 가지 형태의 상호 보완적인 측면을 지닌 폭력의 공갈과 회화화의 공갈이 있다. 어느 쪽이든 항상 동일한 목적, 곧 열등한 자나 평범한 자가 우수한 자에 대한 일체의 종속에서 벗어나려는 목적을 갖고 있다.

따라서 지금의 위기를 두 종류의 도덕이나 문명, 곧 노쇠한 것과 탄생하는 것 사이의 갈등으로 고상하게 제시할 수는 없다. 대중은 단지 도덕을 갖고 있지 않을 뿐이다. 여기서 도덕이란 언제나 본질적으로 어떤 것에 대한 복종의 감정이고 봉사와 의무에 대한 의식이다. 그런데 아마도 '단지'라고 말하는 것이 잘못일 수도 있다. 이런 유형의 인간에게는 도덕을 무시한다는 것만이 문제가 아니기 때문이다. 아니, 일을 그렇게 쉽게 다루어서는 안 된다. 도덕을 무시한다는 것은 도저히 불가능하다. 심지어 문법적으로도 문제가 되는 무도덕(amoralidad)이란 용어는 존재하지 않는다. 만일 어떤 규범에도 복종하지 않으려 한다면, 좋든 싫든 모든 도덕을 부정한다는 규범에 복종해야 한다. 그런데 이것은 무도덕이 아니라 부도덕이다. 도덕의 텅 빈 형태만을 보존하고 있는 부정적인 도덕이다.

어떻게 무도덕한 삶을 확신하게 되었을까? 그것은 두말할 나위 없이 현대의 모든 문화와 문명이 그런 믿음을 심어주었기 때문이다. 유럽은 지금 스스로 가꾼 정신 활동의 고통스런 열매를 거두고 있다. 유럽은 훌륭하긴 하지만 뿌리가 없는 문화를 맹목적으로 채택해왔다.

이 글에서는 주로 유럽인을 탄생시킨 문명에 대한 유럽인의 태도를 분석함으로써 특정한 형태의 유럽인의 모습을 그

려내고자 했다.

그 이유는 그런 인물들이 옛 문명과 싸우는 다른 문명이 아니라, 단순한 부정, 곧 자신의 기생 상태를 숨기는 부정을 대표하기 때문이다. 대중은 여전히 부정하는 것으로 살아가고 있고, 다른 사람들이 건설하거나 축적한 것으로 살아가고 있다. 그 때문에 그들의 심리적 초상을 '현대 유럽 문명의 근본 결함은 무엇인가?'라는 커다란 문제와 뒤섞고 싶지는 않았다. 왜냐하면 지금과 같은 형태의 지배적인 인류도 결국에는 그런 근본 결함의 산물임이 분명하기 때문이다.

그러나 이런 문제는 너무 거창한 것이어서 여기서 다루기에는 벅차다. 그렇게 하기 위해서는 여기서 일종의 복선처럼 엮어 넣고 암시하며 속삭여온 삶의 원리를 충분히 발전시켜 나가야 한다. 아마도 머지않아 그런 삶의 원리를 큰 소리로 외칠 수 있게 될 것이다.